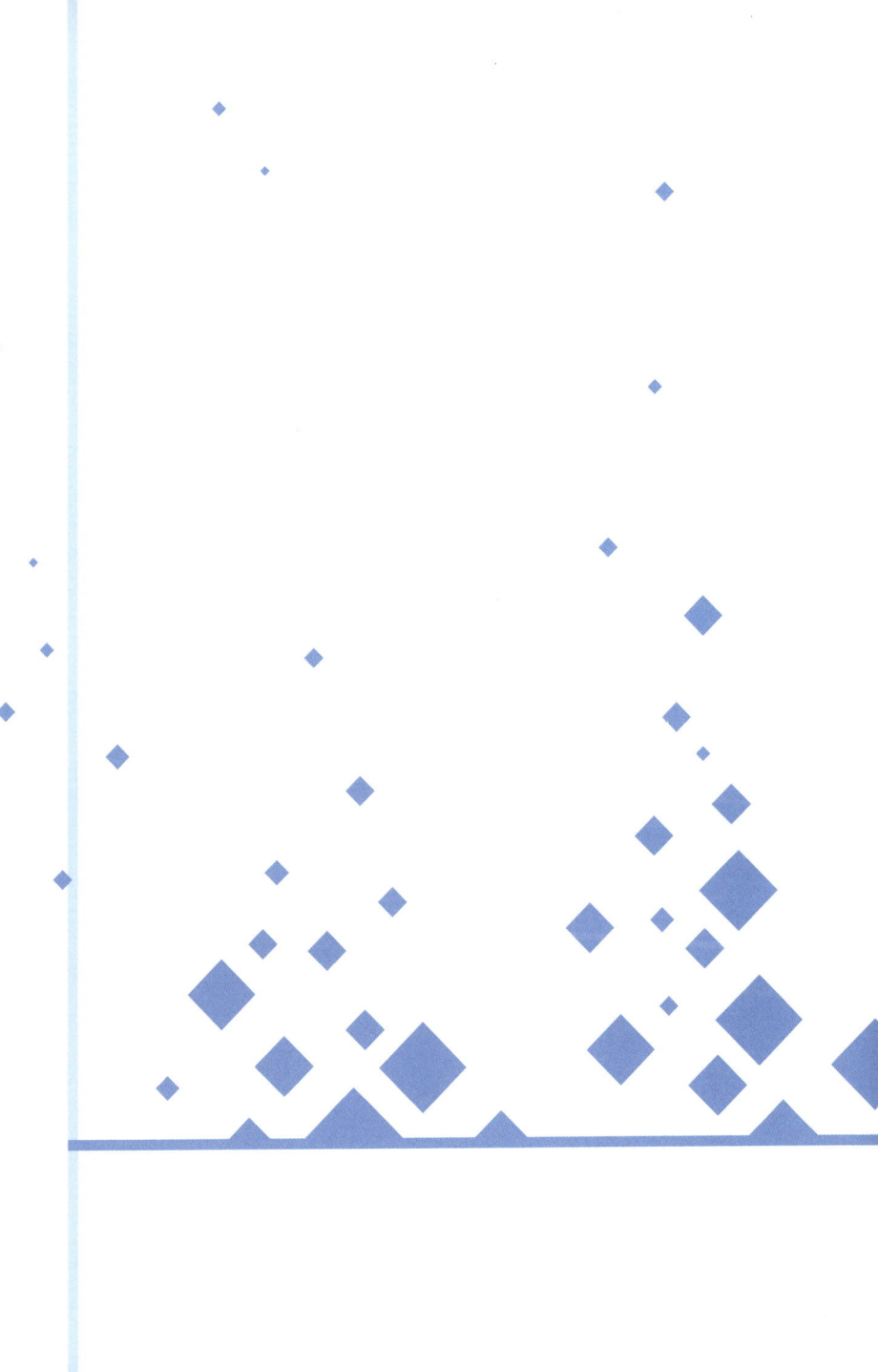

이 도서의 국립중앙도서관
출판예정도서목록CIP은
서지정보유통지원시스템
홈페이지http://seoji.nl.go.kr와
국가자료종합목록 구축시스템
http://kolis-net.nl.go.kr에서
이용하실 수 있습니다.
CIP제어번호 : CIP2019033978

글 손남숙

나무
이야기로 피어

그림 장서윤

목수책방
木水冊房

바람이 불면 나무는 가만있지 못한다. 위에서 불어오는 바람을 아래 가지와 만나게 해 주려고 가지 사이로 흔들며 지나가게 한다. 바람에게 내려가라 한다. 그때는 힘을 다해 흔들어서는 안 되고 가볍게 속삭이듯이 일렁인다. 위의 가지가 아래 가지에게로 내려가는 길은 부드럽고 나긋하다. 나무 안에서 주고받는 바람을 억세게 다루지 않는다. 바람을 품에 넣고 굴리듯이 아래로 민다. 아래쪽 가지는 바람을 받아서 땅으로 내려 보낸다. 서로 기분 좋게 나누어 먹는다. 나무가 꼭대기에서부터 내려 보낸 바람은 나무 주변을 빙 둘러 구경하며 안부를 전한다. 서로에게 다그치지 않고 고요하다. 흘김이 없고 설불리 재촉하지 않는다. 위이이잉 소리를 내며 달려오는 바람 소리에 눈이 반짝 떠진다. 소리를 눈으로 읽을 수 있는 숲이다. 색은 귀로 듣게 된다. 모두가 나무의 친애하는 자식들 같다. 나무를 좋아하고 자주 만나면서 나도 나무의 자식 같다는 생각이 들었다. 그런 상상이 즐겁고 유쾌했다. 나무와 정든 시간이 숲과 언덕에만 있지 않고 내게로 돌아와 속삭이는 듯했다. 나무에게 바친 애정보다 더 많은 기쁨을 나무로부터 받았다. 목수책방 전은정 대표께 감사드린다.

2019년 9월
우포늪에서
손남숙

1. 삶

012 수양벚꽃 휘늘어지는
봄에는
누구를 만나든
벚나무

016 기록하는 나무는
기억하는 나무
느티나무

020 촘촘히 엮을수록
힘이 세진다
싸리

024 빈집 대문간에 피는
그리움
산수유

028 보통은 둘째 언니나
셋째 언니의 이름
명자나무

030 맞춤한 울타리
탱자나무

035 얼마만큼 왔나
몇 리나 남았나
10리길 5리나무

038 5월의 꽃,
노동의 꽃
산사나무

041 구슬 같은 아이들이 자라
이 세상 보배가 되라고
회화나무

046 타오르는 가지
붉어지는 마음
박태기나무

049 아름다움의
새로운 확장
무궁화

052 길한 것은 들어오고
흉한 것은 나가기를
바라는 마음
당산나무

055 소리와 공명하는
맑은 기운
대나무

059 우애의
발견
남천·피라칸타·자귀나무

062 천년 묵은 사건과
천년 이을 시간을
경험하다
은행나무

2. 숲

- *068* 느릅나무에 앉은 새는 멀리서 왔다
  참느릅나무

- *073* 바다의 것을 부르는 산의 것
  밤나무

- *076* 어떤 애련한 마음이 스미었는지
  오동나무

- *080* 아주 특별한 인사
  계수나무

- *083* 봄의 맛
  진달래

- *086* 맛있게 속는다 감쪽같이 속인다
  산딸나무

- *090* 꿀 발라 놓았을까 그렇게들 좋아하니
  꿀밤나무

- *094* 조금은 특별했던 어느 날
  가시나무

- *096* 무엇이든 감고 봅니다
  노박덩굴

- *099* 어서 와, 맛있는 열매를 내가 알려 줄게
  청미래덩굴

- *102* 늘 푸를 줄 알았지만
  소나무

- *106* 매력
  박쥐나무

3. 색

- *110* 깜짝 놀랐다 사마라
  단풍나무

- *114* 마음을 두드리고 간다
  때죽나무

- *117* 하고 싶은 말이 많았겠지요
  닥나무

120 그 남자의 꽃
　　　목련

123 어쩐지 꽃잎
　　　하나하나가 물방울로
　　　만들어진 것 같은
　　　수국

127 그러고도
　　　남는 장사
　　　　뽕나무

129 나무의
　　　때깔
　　　　신나무

132 마법의 양탄자를 타고
　　　날아가요
　　　　모감주나무

135 날개가 파도처럼
　　　휘어지는 가지
　　　　화살나무

139 기분 좋은
　　　들뜸
　　　　중국단풍나무

142 세상에서 가장 잘생긴
　　　나무 대회가 열린다면
　　　　팽나무

4. 물

148 마술을 부리는
　　　시간
　　　　왕버들

152 둑길 따라 흔들리던
　　　눈부신 추억
　　　　아까시나무

155 나의 나무
　　　나의 새
　　　　이태리포플러

159 밀고 당기는
　　　향기의 중매쟁이
　　　　찔레꽃

162 저물녘 연못가에
　　　한 사내가 앉아 있네
　　　　수양버들

165 가끔 소리 내어
　　　알립니다
　　　　은사시나무

5. 열매

170 밤에 꽃향기를
맡아 보다
살구나무

173 못생긴 게 아니라
그윽한 겁니다
모과나무

176 행복의
크기
감나무

180 동네 처녀
바람날 일은 없지만
앵도나무

183 새가 먼저 알고
맛을 본다
무화과나무

187 작전명
산딸기
산딸기

189 그렇거나 말거나
주렁주렁
대추나무

192 여름밤의 소동
서리 원정대
복숭아나무

196 보리알 같은 자식이
여럿
보리수나무

198 이름에 놀라고
향기에 놀라고
쥐똥나무

201 보석을
드세요
석류나무

1. ──── 삶

수양벚꽃 휘늘어지는 봄에는
누구를 만나든

4월에는 어디든 눈만 들면 꽃을 볼 수 있다. 특히 벚나무 가로수는 그 환한 꽃송이와 바람결에 떨어지는 꽃잎이 그냥 지나칠 수 없으리만치 눈길이 간다. 사람들은 카메라를 높이 들어 사진을 찍고 환호성을 지른다. 일제강점기에 무분별하게 심어졌다고 싫어하는 이도 있지만 활짝 핀 꽃 앞에서는 찡그릴 수가 없다.

우리 동네에는 봄이면 아름다운 꽃터널이 만들어지는 길이 있다. 재일사업가였던 손무상 어른이 수십 년 전 고향에 돌아와 집 앞 너른 골목길에 나무를 심었는데 벚나무, 오동나무, 측백나무, 향나무, 박태기나무, 동백나무 등이 있지만 벚나무가 가장 많고 종류도 다양하다. 벚꽃 날리는 봄날에 이 길을 걸으면 절로 마음이 살랑거린다. 산 아래 밭으로 가려면 늘 이 길을 지나야만 해서 엄마와 나는 꽃잎이 분분히 날리는 나무 아래를 마치 영화의 한 장면처럼 지나갔다. 흩날리는 꽃잎은 얼굴에 붙기도 하고 머리에 앉기도 해서 가던 길 멈추고 서로에게 붙은 꽃을 떼어 내느라 아이처럼 웃기도 했다. 나는 특히 수양벚꽃(정명 처진개벚나무) 늘어진 가지들이 바람에 엇갈리며 흔들릴 때가 좋았다. 늘어뜨려진 꽃은 흔히 보는 벚꽃보다 갸름하고 산뜻한 맛이 있다. 어느 해에는 나무의 허리쯤에 난 구멍 안으로 뭔가 들락날락하는 것이 보였다. 딱따구리 둥지라기에는 가로로 넓어

서 그냥 지나치곤 했는데 그 날은 선명한 초록색이 얼비쳐서 새 잎이라도 돋은 건가, 하며 까치발을 하고 들여다보았지만 아무 것도 없었다. 이상하네, 한 걸음 물러섰다가 다시 보니 거기에 오뚝하게 올라앉은 뭔가가 보였다. 고개를 내민 것은 손톱만한 청개구리 두 마리였다. 청개구리의 영어 이름이 나무개구리Japanese tree frog지만 나무에 사는 걸 직접 보기는 쉽지 않다. 그래서 무척이나 반갑고 놀라워하며 관찰했던 기억이 난다.

벚나무는 나무껍질이 암갈색이고 가로로 살짝 칼집을 낸 것 같은 무늬가 있다. 나는 그게 벚나무의 이름표라고 외워 두었다. 봄꽃들이 다투어 피기 시작할 때 이름 하나 똑똑히 기억하고 있으면 비슷하게 생긴 꽃이 피어도 헛갈리지 않는다. 벚나무의 터진 무늬는 통기구멍이며 숨을 쉬며 살아가는 매 순간을 그 구멍으로 듣고 있는 듯하다.

벚꽃은 한순간에 활짝 피어 눈길을 끌지만 또 빨리 진다. 꽃잎은 가볍게 공중을 날다가 오목한 바닥이나 구석진 곳에 켜켜이 쌓인다. 살짝 분홍색이 감도는 꽃잎들이 바닥에 내려앉으면 이제 진짜 봄이구나, 한다. 버찌라 불리는 열매는 초록색이었다가 빨강색이었다가 까맣게 익는다. 단맛은 적고 쓴맛이 많아 즐겨 먹는 사람은 드물다. 버찌가 떨어지는 철에는 바닥이 검게 물든다. 수선스레 떨어지기에 걸음을 피할 수가 없다. 엄마와 나는 밭을 오갈 때마다 잘 익은 버찌 몇 개씩 따먹고는 서로 입술이 검어진 것을 보며 깔깔 웃었다. 숨이 차서 걷기 힘들 때는 잠시 쉬었다 가자, 하며 앉는 곳도 벚나무 아래 벤치였다.

꽃이 피고 떨어지고 버찌가 익어 가고 떨어지는 것을 보며 세월을 먹었다. 이 세상에 아름다운 길과 나무가 참으로 많지만 내게는 우리 동네 벚꽃 피는 길이 가장 아름다웠다. 벚꽃 떨어질 때 그 길 걸어가던 엄마의 뒷모습을 다시는 볼 수 없기 때문이다.

기록하는 나무는
기억하는 나무

시골 마을 입구나 한복판에 자리 잡은 나무는 대개 느티나무다. 느티나무는 줄기가 듬직한데다 가지도 시원스럽게 뻗고 잎도 풍성하게 매달아 그늘이 넉넉하다. 느티나무 아래 평상을 놓으면 그 자리가 바로 쉼터이자 놀이터, 정보를 주고받는 사랑방이 된다. 시골의 한갓진 풍경은 여름날 모심기가 끝난 후에 시작된다. 매미는 울어 대고 사람들은 평상에 목침을 베고 눕거나 막걸리 내기 화투를 친다. 느티나무와 평상은 어울리는 한 쌍이고 거기에는 어떠한 위압이나 경계가 없다. 최근 마을마다 놓인 크고 우람한 정자는 튼튼한 기둥에 기와를 얹어 번듯하지만 친숙함은 평상에 미치지 못하는 듯하다.

    느티나무 껍질에는 가로선이 무수히 나 있다. 짧은 것에서부터 긴 것까지 제각각이지만 선의 두께는 일정하다. 이건 뭐랄까. 나무가 자신만의 언어로 세상에 띄워 보내는 숨결이자 흔적 같다. 손바닥으로 나무껍질을 더듬어 본다. 오래된 편지를 읽는 기분이다. 나무가 느끼고 새기고 우러러보았던 하늘과 구름과 빗소리가 들리는 듯하다. 상상해 본다. 나무가 숨을 뱉고 들이쉴 때마다 흔들렸을 잎과 주름들, 어느 해의 햇빛을 머금었을 때의 나무, 어느 해의 돌풍을 맞았을 때의 우듬지, 어느 해의 가뭄과 장마도 나무는 다 기록했을 것이다. 나무 아래를 오고간 수많은 사람들의 발자국, 떠들썩한 잔치와 슬픈 장레식도 보았을 것이다. 그렇게 사람과 시간을 받아 적은 선이 나무 둘레를 감싸고 있다.

  골목 끝에 느티나무 한 그루가 있었다. 원래는 세 그루였는데 길 공사 할 때 두 그루는 베어 내고 마지막 한 그루는 사람들 청원에 살아남았다. 사람들은 추운 겨울 빼고는 별 일이 없어도 나무 아래 모였다. 평상을 놓을 만한 자리가 아니어서 돗자리를 깔았는데 거기에 둘러 앉아 연신 모기에 뜯기면서도 시간가는 줄 모르고 놀았다. 방학 때면 놀러오는 친구와 친척 들도 다 느티나무 아래에 모여 수박을 쪼개 먹고 짜장면을 시켜 먹고 밀린 이야기를 나누었다. 나는 마음이 그렁그렁한 날에는 라디오를 들고 나가거나 나무에 등 기대고 앉아 책을 읽었다. 이런 저런 고단한 생각이 있다가도 나무 아래 앉으면 어느새 마음이 수긋하게 가라앉았다. 그래서일까. 느티나무는 언제라도 찾아가면 반겨 주고 무슨 말이든 나눌 수 있는 속 깊은 친구 같다. 말을 잘 들어 주는 나무는 속내를 들켜도 좋고, 쭈뼛대며 물러나지 않아서 좋고, 무슨 말인들 거리낄 것이 없고, 낱낱이 말하지 않아도 알아주는 것 같아서 정이 든다. 쓸쓸한 날 동네 한 바퀴 돌고 오면 늘 그 자리에 있어 위안이 되던 나무, 입맛 다실 무엇이라도 가지고 나와 나누어 먹던 이웃들, 지나가던 누구라도 끼어들어 이야기꽃을 피우던 시절은 기억 속에 아련하지만 느티나무는 제 몸피에다 꼬박꼬박 적어 왔다. 한 그루 나무가 동네 사람 모두의 일기와 같다.

촘촘히 엮을수록
힘이 세진다

청소는 미닫이문을 활짝 여는 것에서 시작한다. 아랫목에서부터 살살 먼지나지 않게 쓸다가 방문 앞에서 찌꺼기를 모아 마루로 나간다. 수수비를 탁탁 쳐서 못에다 걸면 방청소는 끝난 것이다. 쓱쓱 비질하는 소리가 빨라진다. 아버지가 마당을 쓸고 있다. 기다란 싸리비다. 소죽솥에서는 김이 풍풍 올라온다. 엄마는 깡똥하게 짧아진 싸리비로 부엌 바닥을 쓴다. 바깥 마당에서 사용하던 싸리비가 닳으면 새로 간추려져서 부엌으로 넘어갔다. 나무 냄새, 부엌 바닥의 흙냄새, 음식 냄새가 섞인 부엌에서 맨 마지막으로 하는 일은 싸리비로 청소하는 것과 아궁이에 남은 불씨를 빗자루로 톡톡 쳐서 꺼뜨리는 것이다.

싸리는 키가 작고 공중질소를 고정시키는 콩과 식물이라 척박한 땅이나 절개지 등에서도 잘 자란다. 적자색으로 피는 꽃은 수줍은 듯이 잎 사이로 나와 있다. 흔하고 질겨서 생활용품 만들기에 좋았다. 삼태기, 바지게(싸리나 대오리 따위로 만든 발채를 얹어 놓은 지게), 소쿠리, 키, 통발, 짐을 담는 발채, 사립짝(나뭇가지를 엮어서 만든 문짝) 등 안 쓰이는 곳이 없었다. 흙집을 지을 때 흙으로만 벽을 쌓으면 고정시킬 힘이 없어 싸리로 엮은 뼈대 위에 흙을 발라 초벽을 만들었다. 큰 나무는 집의 기둥이 되지만 작은 싸리는 보이지 않는 벽 안에서 집을 받치고 있었던 것이다.

마을 끝에 위치한 말래집은 동네 아이들이 만만하게 드나드는 곳이었다. 일단 무서운 아버지가 없었고 말래엄마는 여간해서는 잔소리를 하지 않았다. 비가 추적추적 내리는 날이었다. 다 저녁인데도 집에 가지 않는 우리들에게 말래엄마가 놀리듯이 겁주듯이 옛날이야기 한 자락을 꺼냈다.

"이렇게 어둑하게 비 오는 날에는 토째비(도깨비)가 골목에서 기다리고 있다가 다짜고짜 씨름하자고 조른다. 씨름해서 토째비를 이겨야만 집에 보내 준다. 더 늦기 전에 집에 가거라."

"에이, 토째비가 어디 있어요?"

믿지 않는 우리들에게 말래엄마가 말했다.

"내가 왜 실없는 소릴 해. 다 본 사람이 있고 겪은 사람이 있으니 말이 내려오는 거지. 옛날에 어떤 양반이 재를 넘어오다가 토째비를 만났어. 양반은 가진 걸 다 줄 테니 보내 달라고 했지. 토째비는 재물에는 관심이 없었어. 토째비가 원하는 건 딱 하나. 자기하고 씨름해서 이기면 보내 준다는 것이었어. 별 수 있나. 양반은 토째비가 하자는 대로 씨름을 했지만 이기면 한 번만 더 하자 하고, 지면 토째비가 이겼다고 보내 주지 않고, 밤새 씨름하다가 쓰러져 잠들었는데 눈을 떠 보니 품에 빗자루를 안고 있었지 뭐냐."

우리는 말래엄마 입만 바라보았다. 집에 있는 빗자루가 벌써 토째비로 변해 있을지도 모른다는 생각에 슬금슬금 무서움이 몰려왔다. 정신없이 인사하고 도망치듯이 말래집을 나와 집으로 내달리기 바빴다. 이후로도 비만 오면 헛간에 세워 둔 빗자루가 토째비로 변하지 않는지 뚫어지게 쳐다보곤 했다. 달걀귀신이나 〈전설의 고향〉보다 더 무서운 빗자루와 토째비 이야기였다. 변신 이야기는 언제 들어도 놀랍고 흥미진진하다. 상상의 끝을 넓히고 자극하여 저 세상 어딘가로 데려다 준다. 그 옛날 빗자루는 자식들 혼쭐내는 몽둥이 역할도 했는데 그때는 귀여운 도깨비가 아니라 정말 무섭고 두려운 변신이었을 것이다. 싸리는 가늘고 낭창하지만 촘촘히 엮으면 힘이 세어진다. 빗자루와 도깨비, 마녀가 타고 다니는 빗자루에 초능력이 실리는 것도 괜한 이야기는 아닌 것 같다.

빈집 대문간에 피는
그리움

3월에는 나무들이 눈을 뜬다. 가지마다 남몰래 갖추어 온 눈을 열어 새 바람과 새 기운을 들이마시려는 것이다. 나무의 눈과 마주하면 나무가 가진 내밀한 설계를 엿볼 수 있다. 지난겨울은 춥고 무서웠지만 마침내 봄이 왔기에 가장 자신 있는 색을 가지에 입혔다. 입은 색은 곧 말하는 색이다. 봄날에는 나무들이 저마다 가진 이름표를 들어 자연에 신고한다. 얼마나 많은 방문객을 맞을 것인지, 얼마나 많은 씨를 장만할 것인지 미리 점쳐 보는 것이다.

　옆집은 오랫동안 빈집이다. 할머니 혼자 세 들어 살았는데 주인댁이 온다고 해서 부랴부랴 집을 비워야 했다. 그러나 온다던 주인은 소식이 없고 이삿짐만 덜렁 부려 놓았다. 그게 10년 전 일이다. 빈집은 계속 빈집인 채로 낡아 갔다. 빈집이라고 하지만 사람이 살지 않는 순간 더 많은 생명들이 그 집을 거주지로 삼는다. 먼저 벌레와 새들이 신나게 집을 이용한다. 거미는 지붕을 빙 돌아 줄을 치고 참새는 처마 밑에서 새끼를 친다. 헛간에는 여러 마리의 고양이들이 들락거리고 마당에는 온갖 풀들이 색색의 수를 놓는다. 어느 해인가 냉이, 광대나물, 꽃다지, 개망초, 제비꽃, 민들레가 화사하게 꾸몄고, 그 다음해에는 척박한 땅에서 잘 자라는 망초와 환삼덩굴이 빽빽하게 자랐다. 식물들의 치열한 자리다툼을 볼 때면 무슨 이유에서건 집을

떠나야 했던 사람이 생각나고 마룻바닥이 들뜨고 갈라져도 성성하게 자리를 지키는 것은 대문간의 산수유라는 사실을 또 한 번 알게 한다.

 산수유는 이른 봄에 잎보다 먼저 샛노란 꽃들이 가지마다 둥근 점을 찍듯이 환하게 피어난다. 가지마다 아른거리는 것이 누군가를 그리워하는 눈동자 같다. 이 커다란 눈동자 안에는 수십 개의 작은 꽃들이 모여 있다. 귀엽고 사랑스럽고 정답다. 어느 가족 많은 집이 즐거운 일이 있어 일제히 함성이라도 지르는 것 같다. 비슷한 시기에 피는 생강나무꽃은 가지에 사뿐히 앉은 듯이 차분하지만 산수유꽃은 설렘을 감추지 않겠다는 듯이 꽃과 꽃 사이가 봉긋하게 들떠 보인다. 옆집 산수유도 봉긋하게 기다렸을 것이다. 처음 나무를 심었을 사람을, 자신에게 다가와 말을 걸고 사진을 찍었던 사람을.

 산수유가 몽글몽글한 꽃송이를 달고 내려다보는 자리에는 주소가 희미하게 남은 플라스틱 우체통이 달려 있다. 떠난 사람은 다시 돌아오지 않았다. 발자국 소리, 헛기침 소리, 담장 너머로 누군가를 부르는 소리, 대문을 열던 손은 어디로 갔을까. 산수유는 봄과 가을에 완전히 다른 색을 꺼내는 색의 마술사다. 봄에는 화려한 노란색 꽃을 피웠지만 가을에 익는 열매는 깜찍하고도 선명한 빨강색이다. 동그마한 잎들도 끝을 살짝 오므리며 자주색으로 물든다. 이렇게 계절마다 다른 색을 자랑하지만 옆집은 비었고 새들만 부지런히 산수유 가지를 쪼아 댄다.

보통은 둘째 언니나
셋째 언니의 이름

아들이 귀한 집에서는 '아들자子'를 써서 다음에 낳을 자식이 아들이기를 바랐다. 딸만 여럿인 경우 숙자, 명자, 순자, 말자라는 이름이 흔하게 붙여졌다. 첫째가 명자인 경우보다 둘째나 셋째쯤 내려가야 명자가 되는 경우가 많았다. 위아래 중간에서 밝고 씩씩하게 잘 살라고 명자로 지었을까? 이웃마을에 딸 다섯, 아들 하나인 집이 있었다. 명자는 둘째였다. 부지런하고 싹싹했지만 첫째와 마찬가지로 중학교 진학은 하지 못했다. 그녀의 아버지는 공장에 가야한다고 말했다. 명자는 졸업식 날 우물가에 쪼그리고 앉아 펑펑 울었다. 열네 살에 고향을 떠난 명자는 이를 악물었다. 첫째인 순자는 제 쓸 것도 남기지 않고 받은 월급을 모두 시골집에 보냈지만 명자는 그러지 않았다. 아버지 몰래 돈을 모으고 야간학교에 들어갔다. 명자는 효심보다 제 앞길을 개척하는 일이 먼저였다. 명자는 야간 여상에서 부기와 주산 자격증을 따고 졸업장을 땄다. 그러고는 직장을 옮겼다. 명자는 주머니가 많이 달린 작업복 대신 주름이 많이 잡힌 하늘하늘한 블라우스를 입고 출근했다. 그녀의 아버지도 나중에는 딸들 중에 명자를 가장 자랑스러워했다.

　명자나무꽃이 필 때 영특하게 삶을 꽃 피운 명자언니가 생각난다. 명자나무는 다홍색 꽃송이가 나무에 착 붙어서 핀다. 동그란 꽃들

이 옴팡지다. 왠지 명자언니의 고집 같아서 웃음이 난다. 명자나무는 장미과 명자나무속이고 꽃이 고와 아가씨나무, 산당화라고도 부른다. 열매는 손 안에 들어올 만큼 작지만 같은 장미과인 모과 같이 생겼다. 모과 향이 그윽하게 달콤하다면 명자열매는 상쾌하다. 1992년 영화 〈명자, 아끼꼬, 소냐〉는 '명자, 아끼꼬, 소냐'라는 세 개의 이름을 가지고 살아야 했던 한 여인의 파란만장한 삶을 다루었다. 명자는 일제강점기에는 아끼꼬, 사할린에서는 소냐였다. 명자라는 이름으로 살 수가 없었다. 그때나 지금이나 수많은 '명자들'이 있다. 운명이라 여기며 조용히 살아간 명자도 있지만 야무지고 똑똑하게 운명을 바꾸어 낸 명자도 있다. 나무는 남아선호사상도 없고 첫째 둘째 가리지도 않는다. 헌신과 희생을 강요하지도 않는다. 명자나무는 그늘진 곳에서도 잘 자라고 담장 경계로 이용될 정도로 생명력이 강하다. 세상의 모든 '명자'의 삶을 돌아보게 하는 나무, 명자나무다.

맞춤한 울타리

지금은 밭으로 변했지만 골짜기 안의 옛집은 탱자나무 울타리가 근사했다. 멧돼지가 지나가도 모를 정도로 터가 높았는데 그 덕분에 집 안은 안온했다. 골짜기에는 천수답이 있었다. 우리 가족은 봄이면 모두 그곳으로 갔다. 아침에 집을 나서 해 떨어질 때까지 일을 했다. 어린 나는 엄마 옆에서 이것저것 따라해 보다가 심심하면 탱자가시를 뽑아다가 꽃잎에 점을 콕콕 찔러 보거나 밭고랑에 그림을 그렸다. 가지고 놀거리라고는 탱자나무밖에 없었다. 탱자가시는 길고 뾰족하지만 꽃은 참 선하게 예쁘다. 꽃잎은 비칠 듯이 얇고 모양은 들쑥날쑥하다. 탱자나무 열매인 탱자는 상큼하고 달콤한 향이 나는데 향기가 좋으니 맛도 좋을 거야, 덥석 깨물었다가는 낭패를 당한다. 탱자는 시큼하게 쓴맛이 나는 얄궂은 열매다. 결정적으로 단맛이 없어 괴로운 뒷맛을 남긴다. 이렇듯 쉽사리 누군가의 먹이로 사라질 것에 대비해 쓴맛과 가시를 갖추었지만 탱자나무는 기별도 없이 툭툭 탱자를 떨어뜨린다. 탱자는 어디든지 잘 굴러간다. 풀숲, 도랑가, 한길까지 도르르 굴러 나와 제 솜씨를 퍼뜨릴 장소를 물색한다. 그러나 한길에서 멈춘 탱자는 대부분 차바퀴에 깔려 터진다. 향기가 진동하며 씨가 불거져 나온다. 이렇듯 제 자식을 툭툭 던져 주듯이 멀리 가 보라고 밀어 주듯이 굴리는 것도 탱자나무의 계산일까?

조선시대에는 죄인을 귀양 보내고 탱자가시와 같은 가시울타리를 만들어 집밖을 나오지 못하게 하는 '위리안치圍籬安置'가 있었다. 탱자나무 가시는 크고 날카로워 죄인의 마음을 아프게 찔렀을 것이다. 하지만 돌담 쌓을 형편이 되지 않던 서민에게는 좋은 울타리 재료였다. 요즘도 밭둑이나 산기슭의 탱자나무를 보면 한때는 그곳이 집터였음을 짐작케 한다. 집과 사람은 사라졌지만 탱자나무 울타리는 그대로 남아 있다.

　아름다운 삶의 마무리로 잘 알려진 스콧 니어링과 헬렌 니어링 부부의 책은 우러러 배울 것이 많지만 지금까지 기억에 남는 것은 돌담이다. 부부는 들에서 일하고 돌아오다가, 볼일 보고 집으로 오다가 근처 냇가나 어딘가에서 돌을 하나씩 들고 왔다. 오며가며 조금씩 돌을 쌓아서 3년 만에 담을 완성한다. 돌담은 부부의 마음과 노동, 그날의 날씨와 언짢고 기쁘고 슬프고 행복한 매일의 작은 마침표 같은 것이었다. 언젠가 오지에 들어가면 나도 저렇게 살아야지, 매일 돌 하나씩 들고 집으로 가야지, 생각했었다. 돌들은 매일 자라는 식물 같았을 것이다. 그 식물들이 넓어지고 높아져야 담이 된다. 탱자나무 울타리도 단숨에 완성되지 않는다. 삐죽하게 자란 가지를 자르고 높이와 넓이를 다듬어야 울타리가 된다. 울타리는 시간과 공을 들여야 하는 것이다. 너무 높아도 정감을 떨어뜨려 좋지 않고 눈높이에 얼추 비슷하게 해야 안과 밖이 소통되고 안부와 마음을 나눌 수 있다. 돌이든 나무든 사람 손이 닿는 것은 사람냄새가 밴다. 재미있는 것은 흙담, 돌담은 있지만 나무담은 없다는 것이다. 아니 붙이지 않는다. 나무는 어디까지나 울타리다. 탱자나무울타리, 느티나무울타리, 고목나무울타리 등. 사람이나 집이나 어깨 아래쯤에 오는 나지막한 울타리 정도면 오가는 정도 맞춤할 듯하다.

얼마만큼 왔나
몇 리나 남았나

면소재지에서 읍내까지 거리는 4킬로미터. 딱 10리길이다. 버스가 몇 대 다니지 않던 1970년대에는 대부분 걸어 다녔다. 그 길의 중간쯤에 커다란 회화나무가 있는데 사람들은 예전부터 5리나무라고 불렀다. 누구라도 그 나무만 보면 이제까지 걸어온 거리가 5리, 앞으로 걸어갈 길도 5리라는 것을 알았다. 회화나무가 이정표 역할을 했다. 장에 갔다 오는 사람들은 으레 그 나무 아래에서 쉬었고, 엿장수며 과일장수도 이따금 거기서 쉬었다 갔다.

신작로 양쪽에는 버드나무가 줄지어 서 있고 아이들은 먼지가 풀풀 나는 길을 한 줄로 서서 걸어갔다. 읍내에 영화 보러 가는 길이었다. 멀리 5리나무가 보이면 선생님이 말했다. '쉬었다 가자!' 아이들은 한달음에 올라가 5리나무 밑에 옹기종기 앉았다. 그때는 나무가 정말 크고 우람했다. 한 학년의 아이들이 다 앉아도 될 만큼 나무 아래가 넓고 그늘이 깊었다. 전교생이 다 앉을 수는 없고 학급별로 앉았다가 떠나고 또 앉았다 가기를 여러 번 해야 마침내 읍내에 도착할 수 있었다. 당시 한 학급 아이들 수는 60여 명이었다. 나는 5리나무를 올려다보았다. 녹색 잎들이 가지와 가지 사이를 가득하게 메우고 있어 나무 꼭대기도 보이지 않았지만 바람이 불면 가지가 살짝 밀리면서 파란 하늘이 한 뼘 정도 드러났다. 그 하늘이 어찌나 맑고 예

뻔지 손바닥을 맞대 보고 싶을 정도였다. 극장의 불빛이 꺼질 때에는 주변이 완전히 컴컴하지는 않고 푸르스름한 빛이 감돈다. 5리나무 밑에서 보던 틈새 하늘과 비슷했다. 무엇인가를 바라본다는 것은 멋진 일이다. 바라보면서 생각하고 생각하면 뭔가를 만들게 된다. 아무 것도 없는 것에서 추어올려 형태를 가진 것으로 바꾸어 가는 것은 일단 보는 것에서 시작하는 것이다.

'10리사탕'은 딱딱하고 잘 녹지 않아 10리길 갈 때 입에 물고 가는 아이가 많았다. 어찌나 야문지 이로는 깰 수가 없었다. 입안에 넣고 천천히 굴려야만 단물이 나왔다. 10리사탕처럼 어린 시절도 잘 녹지 않는다. 어느 해 5리나무가 궁금해서 가 보았다. 그런데 기억에서와는 달리 나무 형편이 옹색해서 당황스러웠다. 어린 날 큰 그늘과 멋진 품을 선사했던, 아이들이 앉았다 일어서면 가지 끝에서부터 좌르륵 흔들리던 나뭇잎들, 등 기대어 앉으면 귓가에 쏟아지던 매미소리 생생한데 그 사이 나무는 가지가 잘리고 왜소해졌다. 나무가 품은 이야기를 누가 기억할까.

5월의 꽃
노동의 꽃

5월은 꽃의 여왕이라 불리는 장미에서부터 온갖 꽃들이 피어나 눈이 환해지지만 나는 산사나무 꽃숭어리를 보는 순간 '아, 마침내 5월이구나' 생각한다. 아름다움을 뛰어넘는 시련과 환호성이 어떻게 나무에서 사람에게로 전해졌는지를 환기시키는 꽃이기 때문이다. 산사나무는 영하 30도가 넘는 가혹한 날씨를 견디어 내고서 마침내 꽃을 피우고, 노동자도 온갖 착취와 수모를 겪고서 일어서기에 노동을 상징하는 5월의 나무가 되었다.

  누군가의 노동을 통해서 생산된 제품은 수많은 시간과 거리를 지나 내게로 온다. 나라와 피부색은 달라도 노동이라는 한 줄기로 연결되어 나라와 나라를 건너간다. 한 장의 옷이 내 몸에 걸쳐지기까지 얼마나 긴 여정이 있었는지 모른다. 목화밭의 작은 봉오리에서 시작된 노동은 실공장, 직물공장, 옷공장으로 넘겨지고 수많은 공정과 수많은 사람의 땀과 시간과 노력이 들어가 마침내 가격이 매겨지는 상품이 된다. 자본은 영세한 국가에서 더 영세한 국가로 이전하여 더 많은 이윤을 남기려 하고 노동자는 더 영세한 나라의 노동자에게 일자리를 빼앗긴다. 어디 옷뿐인가. 신발 한 켤레를 사 신기까지는 이 세계에서 저 세계의 끝자락까지 갔다가 오는 노동이 있다. 말레이시아 숲의 고무나무에서 채취한 고무는 슬로베키아 고무공장에서 밑

창이 만들어진 후 함부르크를 떠나 한국으로 온다. 배 한 척에 만 개도 넘는 컨테이너가 실린다. 오래 전 부산의 사상공단에는 신발공장이 많았다. 어린 여성노동자들이 세계적으로 유명한 운동화를 만들었다. 오늘날 축구공과 커피 산업이 그렇듯이 유명한 운동화를 생산하는 노동자가 그 유명한 운동화를 신을 일은 없었다. 고무나무는 신발 밑창이 되어 우리의 발을 편하게 만들어 준다. 목화는 옷과 솜이불을 준다. 세상의 나무들이 사람의 입을 것과 먹을 것을 준다.

산사나무는 혹독한 환경 속에서도 눈부시게 아름다운 꽃을 피우기에 단단한 의미가 부여되었다. 10여 개의 꽃이 소담하게 모여 피는 것도 손에서 손으로 연결되는 노동의 연결고리 같다. 단결하면 아름답다. 힘이 생기고 의지가 된다. 더 큰 힘을 사용할 용기도 생긴다. 세계의 노동자가 없다면 의식주를 가능하게 하는 가치와 즐거움을 어디에서 가져올 것인가. 5월에는 아름다운 꽃들이 다투어 핀다. 그 많고 많은 꽃 중에서도 유난히 흰빛을 자랑하는 꽃, 산사나무가 있어 역사와 문화가 어떻게 결합되고 의미를 바꾸어 내는지를 다시 한 번 생각하게 된다. 5월의 1일은 노동절이다.

구슬 같은 아이들이 자라
이 세상 보배가 되라고

1970년대 시골 초등학교는 학생 수에 비해 교실이 턱없이 부족했다. 보통 한 반에 60여 명이나 되었고 오전·오후반으로 나누어 야외교실에서도 공부했다. 내가 다닌 초등학교는 300년 된 회화나무 아래가 야외교실이었다. 바닥에 다듬잇돌만한 돌을 놓아 의자를 대신했고 책상은 없었다. 작은 돌의자에 두 명이나 앉아야 해서 불편했지만 아이들은 갑갑한 교실보다 수음지라고 불리던 그곳을 좋아했다.

조선시대에는 회화나무를 향교나 서당에 많이 심었다. 우리나라에서는 회화나무를 행운을 불러오는 나무로, 중국에서는 출세를 상징하는 나무로, 서양에서는 학자의 나무로 여겼다. 좋은 의미를 가진 데다 크게 자라 거목이 되면 그늘도 깊고 높은 지붕 같아서 시원함과 청량감이 더해지기에 마을 어귀 정자목이나 잡귀를 쫓는 수호목으로 심었을 것이다. 나무에 깃든 의미를 알고 나니 수음지 분위기가 남다르게 생각된다. 회화나무 옆에는 땅 위에 커다란 덮개돌만 드러나 있는 구덩식고인돌(받치고 있는 굄돌이 없이 덮개돌이 바로 무덤 방을 덮고 있는 고인돌)이 있어 아이들 놀이터나 소꿉놀이 장소로 쓰였다. 성혈性穴이 많아 솥이나 그릇이라 여기며 놀이하기 좋았다. 성혈은 바위의 표면을 오목하게 갈아서 만든 종지 모양의 홈을 말한다. 고인돌은 부족 지배자의 무덤이나 제단과 관련이 있고 지금도 동제를 지내고

있어 주변 일대가 특별한 장소였던 것 같다.

  회화나무의 시작은 곱고 연한 연둣빛이다. 순수하게 맑은 연둣빛, 아가의 살결 같이 부드러운 연둣빛이다. 나뭇가지 속에 색을 굴리는 붓이 있어 안에서부터 칠하며 나오는 듯하다. 봄의 꽃들이 지고 열매를 맺을 때 나는 이제 시작이야, 하고 말을 거는 나무, 색은 가지 끝으로 뻗어 가지 않고 중심에서 조금씩 풀려나오는 것이다. 우리의 눈이 여름에 이르러서야 자신의 매력이 어디에서 시작하는지를 알아보게끔 한다. 번지는 건 순식간이다. 6월이 되면 잎들은 줄기를 덮을 정도로 감싼다. 기다림을 폭발시키는 것 같다. 나뭇가지가 보이지 않을 정도로 잎이 무성하다. 회화나무를 보는 즐거움은 조금 늦지만 은근하게 준비된 마음, 고요한 침묵과 함께 온다. 봄날의 연둣빛과는 분명 다른 두근거림과 상긋함이 감돈다. 그리고 문득 꽃이 핀다. 콩과 식물에 겹잎이라 가지 사이가 빠듯한 느낌이지만 원뿔 모양의 황백색 꽃송이는 나뭇가지에서 독립하듯이 불쑥 올라온다. 갸름한 타원형 열매는 느슨하게 꿰어 놓은 구슬 모양이다. 해 질 녘 서쪽은 쏟아지는 빛을 나무에게 들이붓는다. 나무는 잎 사이에 구슬을 달고 높이 흔든다. 수만 개의 빛 알갱이들이 나뭇가지에 부딪쳤다가 멀어져 가는 모습은 녹색 구슬들이 찬란하게 반사되는 듯 경쾌하기까지 하다.

  6월에 회화나무를 보러 갔더니 한 소녀가 수음지에 앉아 있었다. 뭔가를 들고 집중하고 있어 책을 읽는 줄 알았는데 손에 스마트폰이 들려 있었다. 나무 그늘 아래에서 책을 읽을 것이라 짐작한 것이 어릴 적 기억에서 연유한 너무도 뻔한 착각인 듯해서 실없는 웃음이 나왔다. 하지만 책이 아니면 어떤가. 누구라도 와서 앉기만 해도 나무는 좋아했을 것이라는 생각을 다시 했다. 이순신 장군, 신사임당 동상은 예전 그대로지만 아이들이 뛰어노느라 먼지 폭풍이 일어나고 외치던 소리가 자욱하던 운동장은 너무도 적막하다. 회화나무와 수음지가 같은 시간으로 저물어가는 듯하다. 고인돌의 무게가 새로 환기된다.

타오르는 가지
붉어지는 마음

박태기나무는 이른 봄에 가지 밑에서부터 자주색 꽃들을 다닥다닥 붙입니다. 어느 한 줄기 빠짐없이 꽃으로 뒤덮이어 나무 전체가 커다란 꽃병에 꽂아 놓은 꽃 같지요. 봄에 피는 꽃들은 매화나 복사꽃처럼 분홍색이거나 개나리, 산수유처럼 노란색이 많은데 박태기꽃은 특이하게 보랏빛이 감도는 자주색이어서 한껏 도드라져 보여요. 꽃송이가 어찌나 많은지 벼이삭을 훑듯이 주르르 훑으면 금세 고봉밥 몇 그릇은 될 것 같습니다. 옛 사람들이 자잘한 꽃송이가 밥알인양 생각되어 이름조차 '밥티'로 부른 까닭을 알겠어요. 꽃들이 귀엽고 앙증맞아서인지 북한에서는 '구슬꽃나무'라고 부른답니다.

산책길에 지나는 낡은 기와집 안에 박태기나무가 있어요. 늘 그 나무의 안부를 확인하며 지나갑니다. 담벼락과 바투 붙어 있어 자리가 비좁아 보이거든요. 이른 봄에 박태기나무의 맨숭맨숭한 가지에서 문득 피어나는 꽃송이는 정말 놀라워요. 나무는 어떻게 하였기에 저토록 곱디고운 색을 만들어 낼까요? 어슴푸레하던 색이 연달아 가지 끝을 물들이는 것이 마치 파파팍 전기가 통하듯이 나무의 몸을 휘감고 말지요.

추운 겨울 어느 날 박태기나무에 오목눈이가 떼로 앉았습니다. 회색의 가느다란 가지에 새들이 잔뜩 앉아 있으니 그것 자체로 생동하

는 그림과 같았지요. 작은 새들이 깃털 손질하는 것이 여간 귀엽지 않아 사진을 찍으려는데 그만 포르릉 날아가고 말았어요. 이어 참새들이 날아와 앉았습니다. 마치 이번에는 우리 차례야, 하듯이 말이죠. 참새들 역시 작은 부리로 종알대다가 한꺼번에 후르르 날아갔지요. 새를 보느라고 사진은 놓쳤지만 아쉽거나 서운하지 않았어요. 이미 내 눈에 오목눈이의 밝은 분홍색 깃털과 참새의 재잘거림을 담았기 때문이지요. 그날은 하루 종일 재재재, 종종종, 삐우삐우, 삐삐삐 새소리가 귓가를 떠나지 않았어요.

박태기나무를 보면 꽃과 함께 떠오르는 것이 있어요. 바로 '박산薄徹'이지요. 어릴 때 뻥튀기한 쌀을 박산이라고 했어요. 사전에는 박산이 "쌀과자, 꿀이나 엿에 버무린 산자밥풀, 튀밥, 잣, 호두 따위를 틀에 굳혀 내어 얇게 썰어 만든 과자"라고 나옵니다. 박태기꽃이 달린 가지도 꿀을 잔뜩 묻힌 막대과자 같지 않나요?

꽃이 진 후에도 박태기나무는 계속 마음을 붙듭니다. 잎이 하트 모양이라 깜찍하면서 귀엽지요. 잎 안에는 잎맥이 만든 귀여운 무늬가 있는데 꼭 자수 놓기 전 밑그림 같아요. 한 땀 한 땀 잎맥을 따라 수를 놓으면 아름다운 하트 그림이 완성될 겁니다. 박태기나무가 말하려는 것이 뭐겠어요? 사랑입니다.

아름다움의
새로운 확장

예전에는 가로수 하면 은행나무, 양버즘나무, 메타세쿼이아처럼 이산화탄소 흡수량이 많고 빨리 자라는 속성수가 많았다. 그러나 꽃가루 알레르기로 인한 불편이 늘어나자 가로수 목록에서도 사라져 갔다. 요즘의 가로수는 벚나무, 배롱나무, 이팝나무와 같이 꽃이 풍성한 나무들이 많다. 무궁화는 시원하게 뻗는 나무가 아니어서 가로수로는 적합하지 않다는 의견도 있지만 꽃이 나무 전체를 둥그스름하게 감싸듯이 연달아 피기에 오래 환하고 밝다.

무궁화는 고정관념이 만든 이미지가 강하다. 우선 꽃이 아름답지 않다는 편견이 있고 진딧물이 꼬여서 싫어하는 이도 많다. 하지만 요즘은 품종이 개량되어 깜짝 놀랄 정도로 예쁜 무궁화도 많다. 무궁화는 한 꽃이 지기 무섭게 다른 가지에서 또 다른 꽃이 피어나기 때문에 '무궁하다'는 의미가 있고 그 때문에 이름도 무궁화지만 무궁한 꽃만큼 열매도 무궁하게 맺는다. 빽빽하고 긴 털이 열매를 둘러싸고 있어 무슨 동물의 몸에서 떨어져 나온 부산물 같이 보일 정도다. 긴 털로 보호한 씨는 언뜻 보아 맛이 없게 생겼지만 바람에 날아갈 수 있고 다른 동물의 몸이나 옷에 붙어 갈 수도 있으므로 나무로서는 결코 손해 보는 투자가 아니다.

어느 비 오는 여름날, 무궁화꽃이 떨어진 길을 가고 있었다. 무궁

화는 꽃잎이 흩어지지 않고 통째로 한 송이씩 순명하듯이 떨어진다. 찡했다. 어떤 꽃도 숙연하게 만들지는 않는다. 그 꽃이 무궁화여서, 아마도 우리나라를 상징하는 꽃이어서 그랬을 것이다. 무궁화는 꽃잎을 포갠 채 단정하게 말라 갔다. 마지막 흔적조차 깔끔했다. 화려하게 조명을 받거나 아름다움을 극대화시키는 비결은 없지만 무궁화는 무궁하게 제 운명을 확장시킨다. 진가를 알아주건 말건 무궁화는 이미 모든 미래를 획득했다. 나라의 크고 작은 일마다, 공식적인 행사와 업무, 기상과 기개를 강조하고 애국을 말할 때마다 빠지지 않고 등장할 것이기 때문이다. 무궁하게 진취적인 꽃이다.

길한 것은 들어오고
흉한 것은 나가기를 바라는 마음

나무는 혼신의 힘을 다해 사는 것 같았다. 밑동만 남은 데다 줄기는 부러지고 가지는 아예 없었다. 죽은 줄 알았다. 겨울 지나 봄에 갔더니 나무에 새끼줄이 걸려 있었다. 동제를 지낸 듯했다. 제단은 낮고 작았다. 죽은 나무여도 당산나무는 당산나무인 것이다. 나무는 텅 비어 있었다. 껍질만 남은 나무는 한때 마을의 온갖 시련과 근심을 안고 견디는 힘을 주었을 것이다. 왜, 언제부터 나무의 속이 비어 갔는지 알 수 없었다. 금기였다. 나무의 진짜 이름은 알 길 없어도 그 나무가 한때 얼마나 위엄 있고 우러름을 받았던 나무인지는 능히 짐작할 수 있었다. 어떤 나무라도 당산나무가 되면 본명은 의미가 없었다. 만약 느티나무가 당산나무가 되면 그때부터 당산나무라고 부르지 느티나무로 부르지 않았다. 팽나무 역시 당산나무가 되면 당산나무일 뿐 팽나무는 숨은 이름이 되었다. 그러나 이 마을의 당산나무는 늙었고 병이 들었고 생을 마감했다. 당산나무가 죽었다고 해서 사람들은 베거나 버리지 않는다. 더욱 간절한 마음이 되어 동제를 지낸다. 도리어 정성이 부족했다고 자책했을지도 모른다. 죽은 당산나무에 기도하는 심정은 어떤 것일까. 죽은 나무가 살아 돌아올 리 없지만 마을의 노인들은 어린 시절부터 듣고 보고 배운 대로 몸가짐을 정히 하고 기원하고 축원하고 액을 물리치는 일에 마음을 다한다. 나무는 우듬지를

잃었고 속살도 사라지고 없다. 껍질은 씻은 듯이 떨어져 나가 뼈만 남아 있다. 늙고 병든 노인들이 늙고 병들어 죽은 나무에 제를 올린다. 예전에는 당산나무가 마을을 보호했지만 이젠 마을이 당산나무를 보호하는 것 같다. 노인들이 목숨 만지듯이 온 마음을 당산나무에 건다. 헌 새끼줄 버리고 새 새끼줄에 거는 마음이 간절하다.

소리와 공명하는
맑은 기운

마을 뒤에는 거개가 대숲이 있었다. 대숲은 여름에는 시원하고 겨울에는 바람을 막아 주며 토사물이 흘러오고 산짐승이 뛰어드는 것을 막아 주었다. 대나무는 죽순과 '매란국죽梅蘭菊竹'으로 이름이 나기도 했지만 잘 휘어지고 가벼운 성질 덕분에 광주리와 부채, 복조리, 대자리, 발, 죽부인, 옷걸이 등의 재료가 되었고 흙집의 뼈대로도 들어갔다.

    지금처럼 대규모 양계장이 들어서기 전에는 집집마다 닭을 키우고 둥지를 만들어 키웠다. 닭을 풀어 놓으면 솔개와 족제비가 물어 가기에 닭장은 필히 만들었다. 가늘게 쪼갠 대나무살로 만든 닭장은 둥그런 돔형에 문이 달려 있어 몽골 유목민들이 사용하는 게르와 비슷한 모양이었다. 닭은 하루 종일 돌아다니며 먹이를 쪼고 똥을 싸고 푸드덕거린다. 낮에 풀어 놓은 닭들은 저녁이면 닭장에 들어가야 했다. 해거름에 뿔뿔이 흩어져 있는 닭들을 몰아 넣는 일은 늘 소란스럽게 끝났다. 닭장에 들어가지 않으려고 숨거나 도망가는 닭이 꼭 한두 마리쯤 있었다. 닭의 새끼를 병아리 또는 달구새끼라고 하는데 우리 동네에서는 '삘가리'라고 했다. 털이 보송보송한 삘가리들이 삐약삐약 소리를 내는 것은 귀엽지만 헛간 짚더미에 들어가거나 보이지 않으면 찾느라고 한바탕 소동이 일어났다. 1980년대 민주화 시위가 한창이던 때 잡혀 간 사람들은 마구잡이로 버스에 태워졌는데, 그 버스를 '닭장'이라고 했다. 창문에는 창살이 빽빽이 둘러쳐져 있어 안은 전혀 볼 수가 없었다. 왜 하필이면 닭장일까 하는 생각과 함께 어릴 때 닭을 몰아넣던 닭장이 떠올라 기분이 좋지 않았다. 닭은 이래저래 부정적인 일에 동원된다. 전직 대통령도 닭의 이름으로 놀림을 받았다. 머리가 나쁜 사람에게는 닭 머리 운운한다. 그렇게 함부로 놀리던 닭이 지금은 모두가 좋아하는 치킨이 된 것도 재미있다.

대나무가 요긴하게 쓰인 곳은 마당의 장대였다. 빨랫줄을 받치는 장대를 눕혀서 방안을 가로지르게 하면 옷을 걸칠 수 있는 옷걸이가 되었다. 두루마기, 저고리 같은 한복을 걸쳐 두기에 좋았다. 빨래 장대는 비스듬하게 기울여 줄을 고정했는데 간혹 바람이 불어 자빠지면 옷들이 와르르 넘어졌다. 아이들이 놀다가 장대에 걸러 넘어지면 그날은 욕바가지를 들어야 했다. 장대는 가을이면 감 따는 도구로 변신했다. 장대 끝에 홈을 파서 집게 형태로 만든 다음 알랑알랑 감꼭지를 쥐고 비틀면 감이 똑 떨어졌다.

대나무는 밀집하여 자란다. 여름에는 줄기가 보이지 않을 정도로 빽빽하다. 그런데 신기하게도 대숲에 가면 눈이 시원하고 환해진다. 바닥에 닿는 햇살이 대나무와 대나무 사이를 넓혀 주는 것 같다. 땅에 떨어진 댓잎들은 폭신하게 밟힌다. 하늘로 쭉쭉 뻗은 대나무가 가지런히 서 있으면 녹색 그물망 같다. 그물망은 대숲에 부는 바람을 한 뜸 길들여서 보낸다. 눅눅한 것을 가뜬하게 바꾸어 숲의 소리와

공명한다. 비가 오면 빗방울은 댓잎 위에서 뛰논다. 가볍게 튀기듯이 빗방울이 떨어질 때 톡톡톡 소리가 난다. 하늘과 땅 사이를 잘 이끄는 것 같다. 나무는 아니지만 너무도 나무 같은 대나무, 대나무만큼 유연하고 멋스럽게 의식주 안에 들어온 식물도 없을 것이다.

피톤치드, 하면 누구나 편백나무 숲을 생각하지만 최근 산림청에서 발표한 조사결과에 따르면 다른 나무나 식물에도 피톤치드가 존재하고 그중에서도 대나무가 가장 높다고 한다. 어쩐지 대숲에 들어가면 기분이 상쾌하고 몸이 가벼워지는 느낌이었다. 항균과 면역 증진, 스트레스 조절 등 유익한 물질을 내는 대나무야말로 생활 속의 건강 파트너인 것 같다.

대나무는 꽃이 피고 열매를 맺고 나면
벼나 보리처럼 말라 죽는다. 식물학적인
기준에서는 풀이지만 목질화된 단단한
줄기가 있고 생활용품으로 이용한다는
점에서는 나무의 특성을 가졌다.

우애의
발견

특정한 장소에서 특별하게 자라는 나무는 자주 볼 수 없어 귀하게 여겨진다. 반면 마을이나 관공서 주변에 자라는 나무는 무심히 지나치는 일이 많다. 매일 볼 수 있기 때문이다. 그러나 흔하다고 해서 가치가 덜하지는 않다. 잘 생긴 나무도 좋지만 처음에는 무심하다가 자꾸 보면 볼수록 새로운 멋을 알아 가는 나무도 좋다. 매일 만나는 나무는 어떤 것이 있을까? 산수유, 수수꽃다리, 배롱나무, 남천, 장미, 구기자나무, 매실나무, 석류나무, 무화과나무, 뽕나무, 보리수나무, 앵도나무, 화살나무, 치자나무, 오가피나무, 참죽나무, 사철나무, 광나무, 감나무, 자두나무, 대추나무 등 셀 수 없이 다양하다.

남천 꽃송이가 비죽비죽 솟구칠 때는 6월이다. 다른 나무들이 꽃에서 열매로 가는 동안 남천은 희고 작은 꽃송이를 자잘하게 매달고 마치 손부채를 흔들 듯이 아는 척을 한다. 자신도 한번 봐 달라는 것이다. 잎 모양도 자그마하지만 앙증맞게 귀엽다. 그러나 제법 앙칼스러운 데가 있어 손을 내밀다가는 찔리기 쉽다. 나뭇가지가 그리 만만하지 않다. 남천과 견주어 울타리로 많이 심는 나무가 피라칸타. 꽃필 때 향기가 좋아서 집이 더 멋지게 보이는 착시현상까지 일으킨다. 작은 꽃에서 그렇게 싱그럽고 달콤한 향기를 뿜다니 대단한 전략이다. 남천 잎은 가을에 아주 곱게 물이 든다. 피라칸타는 먹음직스

러운 열매를 달고서는 황량한 겨울풍경을 즐겁게 꾸민다. 왜 즐거운가 하면 열매를 따 먹으려고 오는 새, 동박새를 볼 수 있기 때문이다.

새를 부르는 나무가 있다면 나비를 부르는 나무도 있다. 비단술같이 화려한 분홍색 꽃을 공중에 띄우는 자귀나무다. 자귀나무는 멀리서도 알아볼 만큼 꽃 핀 모습이 강렬하다. 실을 다발로 묶은 듯이, 저고리에 다는 술처럼 늘어진 것이 수꽃이고, 봉긋한 망울처럼 보이는 것이 암꽃이다. 자귀나무꽃에 끌려 다가가면 산호랑나비와 긴꼬리주홍나비들을 볼 수 있다. 자귀나무잎은 낮에는 펼쳤다가 밤에는 오므리는 특성 때문에 부부 금슬, 결혼과 관련한 이야기가 많다. 그러나 사실은 광합성을 하는 낮에는 잎을 펴고 밤에는 에너지 낭비를 막기 위해서 잎을 닫는 것이다. 이렇듯 저마다 가진 매력을 펼치기에 우리의 매일 매일은 밋밋하지 않다. 지루할 틈이 없다. 나무들이 연달아 바통을 넘기듯이 다음 나무, 다음 나무의 꽃들로 안내한다. 나무가 넌지시 귀띔하는 걸 알아들었나 싶으면 어느새 이웃의 나무가 다른 신호를 보내온다. 나는 언제라도 귀와 눈을 내 줄 준비를 하고 있다. 나무의 우애가 나보다 훨씬 크고 다채롭다.

*위에서부터 남천, 자귀나무, 피라칸타

천년 묵은 사건과
천년 이을 시간을 경험하다

은행나무 열매인 은행은 고약한 냄새를 풍기기로 유명하다. 가을날 은행나무 가로수 길을 걷다가 은행을 밟으면 다들 화들짝 놀라 도망가기 바쁘다. 냄새가 얼마나 지독한지 사나흘이 지나도 지워지지 않고 코끝에 자꾸 맴도는 듯하다. 이 때문인지 몰라도 요즘은 은행나무 가로수가 점점 사라지는 추세고 가을날 노랗게 물든 풍경을 보는 것도 쉽지 않아졌다. 비록 열매는 좋지 않은 냄새를 가졌지만 속에 든 알맹이는 쌉싸래하니 쫀득하고 영양까지 있어 간편한 술안주가 되기도 한다.

은행나무는 인류의 역사가 시작되기 전부터 살았고 흔히 '살아 있는 화석 식물'이라 불린다. 말하자면 세계적인 사건과 시간을 경험한 나무인 것이다. 어느 나라, 어떤 환경에서도 살아남아 빙하기는 물론 공룡이 살던 시대와 인간이 벌인 수많은 전쟁과 천재지변을 겪었으며 문명의 흥망성쇠와 함께했다. 나는 봄날에 은행나무가 막 잎을 내기 시작할 때면 나무 둥치를 가만히 쓰다듬어 본다. 대를 잇는다는 것이 무엇인가. 나무가 나이를 먹고 후손을 남긴다는 것이 무엇인가. 정말 상상도 할 수 없는 그 먼 시대에도 이 나무가 있었다는 사실이, 돌칼을 갈던 사람과 활을 쏘던 사람, 옷감을 짜던 사람도 이 나무 아래를 지났을 것이라고 생각하면 전율이 인다. 그들과 내가 수천 년을

거쳐 서로 연결되는 느낌이 들어서다.

　나무와 사람은 어떤 식으로든 연결된다. 나무가 사는 곳이면 사람도 살 수 있다. 사람은 나무 없이는 살 수가 없다. 그래서 터를 잡으면 나무부터 심었다. 뜰이나 대문간에는 유실수를 심고 길가에는 그늘 깊은 나무를 심었다. 은행나무는 집보다는 공공장소나 길가 가로수로 적격이었다. 크고 우람한 가지, 단풍들 때 멋지게 채워지는 노란색, 열매는 덤이다. 가을에는 온 세상이 물들어 어딜 가나 눈이 밝아지지만 특히 은행나무 가로수는 감탄을 부른다. 노랗게 이어지는 물결이 차창 밖으로 밀려가며 황홀한 잔상을 남긴다. 이렇듯 물든 나무만 보다가 어느 날 은행잎 사이로 늘어진 수꽃을 보고는 눈이 휘둥그레졌다. 나무에 암수가 있는 게 당연한데 그간 꽃을 볼 생각을 하지 못했던 것이다. 수꽃과 달리 암꽃은 귀이개처럼 앙증맞다. 조랭이 떡처럼 가운데가 옴폭하게 들어가 있어 귀엽기도 하다. 이것이 커서 하나는 위축되고 하나가 성숙하여 열매가 된다.

　은행나무 열매 냄새는 묘하게 불쾌감이 들기도 하지만 생각해 보면 나무가 그리 만든 데는 이유가 있을 것이다. 씨앗의 껍질을 벗기고도 은회색의 가운데열매껍질이 있는 것도 계산된 나무만의 번식 방법일지도 모른다. 열매를 먹기 위해 꽤나 까다롭고 불유쾌한 시간을 보내야 하지만 마침내 만나는 속살은 씹는 맛과 고소한 맛을 안겨 준다. 사실은 속살이 아니라 종자의 씨눈이 발아하여 성장할 때 영양분을 공급하는 조직인 배젖이다. 은행나무는 이처럼 자신보다 더 훌륭하고 똑똑한 후손을 남기기 위하여 까다로운 열매 관리를 해 온 것이다. 수천 년 전, 수억 년 전의 은행나무를 지금 우리가 볼 수 있는 이유가 바로 저 냄새와 농밀하게 합쳐진 열매에 있을지도 모른다는 생각을 하면 또 한 번 전율이 인다.

2. 숲

느릅나무에 앉은 새는
멀리서 왔다

한겨울 들판을 지날 때면 저 멀리 주황색 물결이 언뜻언뜻 이는 것처럼 느껴질 때가 있다. 유선형의 덩어리 같은 것들이 반짝이며 휙휙 지나간다. 주황색은 흩어졌다가 모이고 다시 흩어지며 휘리리리 전깃줄에 앉는다. 논에 내려앉아 먹이를 먹고 또 냉큼 날아오르는 이 새의 이름은 겨울철새인 되새다. 이 새들은 한두 마리씩 보이다가 어떤 날에는 어디 모이자고 서로 약속이나 한 것처럼 무리를 지어 다닌다. 들판에 앉았던 새들이 나뭇가지에 주렁주렁 매달리기도 하고 전깃줄이 늘어질 정도로 촘촘히 앉기도 한다. 들판에 앉은 수백 마리 되새들이 갑자기 솟구치듯이 날아오를 때면 황금색 물고기들이 뛰어오르는 것 같다. 출렁이는 바다 속을 헤엄쳐 와 가지에 척척 걸리는 것 같다. 금빛 물고기로 변신한 되새들은 열매를 부리 안에 넣고 알맹이는 까먹고 껍질은 휘휘 뱉는다. 바스락 톡톡, 휘휘, 씨 발겨먹는 기술자들이다. 하지만 나무 안에 들앉아 있어 얼른 알아볼 수가 없다. 바닥에 떨어지는 씨를 보고서야 새가 있는 곳을 돌아보게 된다.

   되새가 즐겨 앉는 나무는 느릅나무과에 속하는 참느릅나무이며 9월에 꽃이 피고 가을에 열매가 익는다. 이르면 3월 중순부터 꽃이 피는 느릅나무는 잎 모양이 다르다. 바람이 불면 가지마다 종종하게 달린 열매는 저도 모르게 사삭, 사사삭 소리를 낸다. 마치 술이 달린

막대를 흔들어 대는 것 같다. 열매는 홀쭉하고 납작하다. 뭔가 알맹이가 빠져나간 빈 껍질 같기도 하다. 그런데도 새들이 열심히 앉는 것을 보면 필시 그 나무 열매가 맛있는 것이다.

집에서 30분은 족히 걸어야 나오는 골짜기 논 어귀에는 아버지가 좋아하는 느릅나무가 있었다. 그때는 참느릅나무와 느릅나무를 구분하지 않고 둘 다 느릅나무로 불렀다. 둥치가 듬직하고 탄탄한 것이 마치 논을 지키는 수문장 같았다. 그늘도 엄습하게 무겁지 않고 햇빛이 살짝 배어 나올 정도로 낙낙하게 좋았다. 엄마가 점심바구니를 이고 집을 나설 때면 어린 나도 물이나 술 주전자를 들고 따라나섰다. 일손이 부족하면 뭐라도 거들어야 했다. 논으로 가는 길이 얼마나 멀고 지루하든지 나는 그만 주전자를 내던지고 도망가고 싶었다. 볕은 쨍쨍하게 내리쬐고 동생은 가나 말다 자꾸 돌멩이로 저지레를 해서 엄마는 몇 번이나 동생 돌보지 않는다고 나무랐다. 나는 주전자와 씨름하느라 동생은 눈에 들어오지도 않았다. 아버지는 이고 진 광주리에다 어린 자식까지 데려온 엄마를 멀리서 알아보고 얼른 논에서 나왔다.

아버지는 책을 좋아했고 평생 손에서 책을 놓지 않았다. 들일 중에도 잠시 짬이 나면 책부터 들었다. 유진 오닐의 유명한 희곡인 〈느릅나무 밑의 욕망〉은 인간의 끔찍한 탐욕과 소유욕을 다룬 비극이지만 우리 가족은 느릅나무 밑에서 진정 평온한 한때를 보냈다. 들일과 맛있는 밥과 높은 웃음소리, 맑은 하늘과 선선한 바람이 함께한

아름다운 시간이었다. 느릅나무 껍질은 비염이나 축농증에 좋다 하여 '코나무'라고도 하며 위장과 항암에도 좋다고 한다. 가족 중 누구도 아버지의 병을 알지 못했다. 되새는 왜 되새일까. 사람은 다시 돌아오지 않지만 저 새는 해마다 돌아오는구나. 가끔은 부러워하며 새를 올려다본다.

바다의 것을
부르는 산의 것

순내할매는 산에만 가면 기운이 펄펄 나서 날아다닌다고들 했다. 산은 할매에게 돈과 여유를 주었다. 봄에는 고사리를 뜯고 가을에는 밤과 도토리를 줍는다. 할매는 말이 어눌하고 귀가 잘 들리지 않아 목청이 큰 편인데 상대방의 입 모양을 보고 대충 알아듣는다. 입술 움직임에서 아무 것도 짐작하지 못할 때는 그냥 빙그레 웃고 만다. 그럴 때는 답답한 마음에 고함을 마구 지른다. 할매는 그렇게 소리를 낼 수밖에 없다. 할매의 입에서 '아하' 소리가 나면 의사전달이 되었다는 것이다.

할매가 밤을 파는 방식은 독특했다. 동네에서 밤을 사 먹을 만한 사람의 집을 찾아간다. 들어오라 소리 하지 않아도 그냥 들어간다. 할매는 밤이 든 봉지를 바닥에 툭 던진다. 설명도 없고 에누리도 없다. 값을 말하면 그걸로 끝이다. 내켜 하지 않으면 어서 돈이나 내라는 듯이 비닐봉지를 툭툭 친다. 밤이든 고사리든 할매가 내놓은 것에 값을 쳐 주지 않는 사람은 없었다. 그만큼 품질이 좋고 맛이 있었다.

순내할매는 오징어를 좋아하셨다. 성한 이가 몇 개 남지 않았는데도 딱딱한 오징어다리를 잘도 녹여 드셨다. 할매의 바지 주머니에는 늘 마른 오징어나 과자가 들어 있어 다른 할매들이 아이 같다고 놀리거나 퉁박을 주곤 했다. 그러니까 할매는 산에서 나는 것으로 돈을

만들어서 바다에서 나는 것과 바꾸어 먹은 것이었다. 할매는 어디서나 오물오물 뭔가를 먹었고 골목에서 사람을 만나면 들고 있던 것을 슬그머니 뒤로 감추었다.

  6월에는 밤꽃향기가 마을까지 내려온다. 짙게 날아드는 향기에 머리가 어질하다. 향기는 암꽃에게 보내는 연서와 같은 것이니 벌들이 잉잉거리며 심부름을 한다. 밤나무는 꽃에서 열매를 만들어 내기까지 참으로 야무지게 잠금장치를 해 놓았다. 누구든지 밤맛을 보려면 잠금장치를 잘 풀어야 한다. 가시투성이 밤송이를 벗기고 속껍질까지 벗겨야만 달고 고소한 밤이 나온다. 가을에 삶은 밤을 먹다 보면 봄에 맡은 밤꽃향기가 아련하게 떠오른다. 벌이 왔다간 흔적도 맡아진다. 세상의 모든 열매는 저절로 맛있어지는 게 아니다. 사람도 그냥 살아지는 것이 아니다. 뭐든 심고 캐고 만들어야만 한다. 그럴 수 없다면 순내할매처럼 산에 올라가 산에서 나는 것으로 바다와 강에서 나는 것과 바꾸어야 한다. 할매는 삶을 대체로 풍족하게 살았다. 주머니에 먹을 것이 떨어지지 않았고 사계절 돈이 되는 것을 산에서 가져왔다. 하지만 세월 앞에 장사 없으니 할매도 병이 들어 요양병원에 가셨다. 순내할매 오징어다리 먹고 싶어서 어쩌나. 산비탈의 밤나무 잎들은 한겨울에도 가지에 꼭 붙어 있다. 바람소리에 바르르 떨다가 햇빛에 몸을 뒤집는 잎들은 먼 바다 오징어잡이 배처럼 아스라하다.

어떤 애련한 마음이
스미었는지

오동나무는 무늬가 아름답고 재질이 부드러워 딸을 낳으면 훗날 시집보낼 때 사용하려고 집 근처에 심었을 정도로 인기 많은 가구재였다. 가벼울 뿐 아니라 뒤틀림이 적고 습기와 불에도 잘 견디는 성질이라 거문고나 가야금 같은 전통 악기 등을 만든다. 오동나무에 관한 이야기는 책이나 이야기를 통해 많이 듣지만 실제로 볼 기회는 많지 않다. 실물을 보면 상상하던 것과 조금씩 다른데 처음에는 의아하다가 거듭 나무를 보면서 궁금증을 해소한다.

처음 오동나무를 보고 놀란 것은 잎의 크기였다. 줄기에 비해 생뚱맞게 느껴질 정도로 컸다. 사람 손바닥이 아니라 코끼리 발바닥 정도는 될 것 같았다. 나무는 왜 큰 잎을 만들까? 무엇을 위해 제 몸을 가리면서까지 수많은 잎을 달았을까? 꽃이 피니 더욱 놀라웠다. 넓적한 잎 사이로 종 모양의 아름다운 보라색 꽃들이 묶음으로 피는 게 아닌가. 오동나무는 재질을 강조해서인지 꽃은 찬찬히 볼 생각을 흩어 버리곤 했는데 우연히 마주친 보라색 통꽃에 반해 이후에는 꽃만 보러 다니기도 했다. 그리고 커다란 잎의 비밀은 성장을 빠르게 하려는 나무의 전략이었음을 나중에 책을 보고서 알았다.

주변에서 흔히 볼 수 있는 오동나무는 오동나무, 참오동나무, 개오동나무, 벽오동나무가 있다. 참오동나무와 오동나무는 보라색에 종

모양의 꽃이라는 것이 같고 개오동나무는 꽃이 매끈하지 않고 끝이 살짝 들린 듯이 보인다. 통꽃 안에 점선 같은 줄이 있는 것은 참오동나무고 오동나무는 꽃잎에 다른 무늬가 없다. 그러니까 참오동나무만 꽃 안에 무늬를 가진 것이다. 참오동나무여서 참으로 구분되는 무늬를 가졌다고 생각하면 재미있다. 벽오동나무는 줄기의 색이 푸르고 잎은 오동나무를 닮아서 붙은 이름이지만 꽃 모양은 전혀 다르다. 초여름에 자잘한 노란색 꽃들이 원뿔 모양으로 달린다.

오동나무는 어느 날 자신의 비밀을 말해 주겠다는 듯이 꽃의 윗부분을 벗는다. 꼭 뚜껑을 여는 것 같다. 꽃이 수술과 함께 쏙 빠져나간 곳에는 암술만 남아 있다. 이제 열매를 만들 차례니 내 곁에서 나가시오, 하고 내보내는 것 같다. 개오동나무는 자못 자극적이다. 꽃은 참오동나무나 오동나무에 비해 아름다움이 덜하지만 가을에 열매가 달리면 무슨 발을 드리운 것처럼 나무 전체가 세로선을 하고 있다. '난 개오동이야, 너희들이 봉긋한 열매를 달 때 나는 둥근 모양을 하지 않아, 길게 죽비 같은 열매를 달아서 내 존재를 확실하게 알릴 거야!' 하고 도도하게 대드는 것 같다. 이렇게 현저히 다른 차이는 개오동나무는 능소화과, 오동나무는 현삼과인 데서도 알 수 있다. 비슷하게 닮았지만 다른 소속인 것이다. 매끄러운 연녹색 줄기를 가진 벽오동나무도 오동나무과가 아닌 벽오동과다.

오동나무는 한겨울에도 열매를 다 떨어뜨리지 않고 새봄이 와도 여전히 가지에 매달고 있다. 어떤 애련한 마음이 나무에 스미었는지

묵은 것과 새 것이 같이 산다. 오동나무로 짠 악기들이 내는 소리가 애달프고 시리고 고요하게 공명하는 것도 그 때문인지도 모른다. 나무가 악기나 가구로 가공되어도 나무가 원래 입은 기억과 꽃의 무늬는 소리와 아름다운 결로 남는다.

아주 특별한 인사

나무의 사계절을 보려면 여간 정성으로는 힘들다. 잎이 나고 꽃이 피고 열매를 맺기까지 찾아가고 기다리고 또 기억하고 예감해야 한다. 깜박하는 사이 꽃은 지고 열매는 누가 따 가고 없다. 수없이 많은 발걸음과 마주침 끝에 한 그루 나무에 대한 느낌을 옮길 수 있다.

어느 해 답사하러 갔다가 고택 앞에 늘어선 계수나무를 보았다. 봄이었고 동그란 잎들이 춤추듯이 꿈을 꾸듯이 흔들렸다. 봄에 나는 나뭇잎들이 거의 맑은 초록을 띠고 있어 예쁘지만 계수나무 잎은 특별히 눈길을 끌었다. 잎맥이 눈썹 선을 그리듯이 우아한 곡선으로 톱니까지 닿아 있었다. 마치 외할머니 줌치(주머니)에 수놓인 무늬의 실선을 보는 듯했다. 잎자루에서 조금 내려와 다시 동그랗게 퍼져 나간 잎맥은 그 자체로 환하게 둥근 달을 보는 듯하다.

동요 '반달'은 1924년 윤극영 선생이 작사 작곡한 것이다. "푸른 하늘 은하수 하얀 쪽배엔/계수나무 한 나무 토끼 한 마리" 이 노래 부르며 방아 찧는 토끼를 찾으려고 고개 아프게 달을 올려다보지 않은 아이는 없었을 것이다. 심지어 토끼가 들고 있는 절구가 계수나무로 만들었다는 이야기를 철썩 같이 믿는 아이도 있었다. 노랫말 하나에 얼마나 많은 상상력이 가동되고 이런저런 이야기가 지어지는지 모른다.

계수나무도 생강나무처럼 봄에 꽃이 먼저 핀다. 나뭇가지에 자잘하게 붙은 꽃은 은은한 붉은색으로 설렌다. 앞으로 생겨날 잎이 얼마나 예쁠지 미리 귀띔해 주는 것 같다. 이 꽃들이 그윽하게 번지듯이 피고 나면 동글동글 귀여운 잎이 나온다. 잎맥과 가지런한 거치는 아가의 손바닥처럼 사랑스럽다. 이 잎들이 노랗게 물드는 가을에는 여느 단풍나무 못지않은 아름다운 빛깔을 뽐낸다. 달콤한 향기까지 나니 나무 밑을 그냥 지나칠 수가 없다. 빛깔 고운 잎 한 번 보고, 그 잎에 코를 대보느라고 자연 걸음이 느려진다. 나무는 추운 겨울을 나기 위해 떨켜를 준비한다. 특이하게도 계수나무는 이 떨켜를 준비하는 중에 달콤한 향기를 만든다. 어쩌면 계수나무는 스스로 올 한 해 잘 견뎌 냈음을 알리고 싶어 떨켜에다 향기를 붙였는지도 모른다. 봄부터 부지런히 키우고 물들인 잎에게 고마웠어, 잘 가, 하고 인사하려고. 참 멋진 인사법이다. 자신이 만든 잎 하나 하나에 공들여 인사하는 나무라니 정말 세심하게 정을 붙이고 떼는 나무다. 이 향기의 상상력은 동그랗게 귀여운 새 잎에게 전달될 것이다. 나는 행여 꽃을 놓칠세라 부지런히 봄을 들락거릴 것이다.

봄의
맛

4월은 색이 나오는 달이다. 겨우내 굳었던 색들이 깨어나고 식물은 새잎을 내어 이야기를 하려고 한다. 나무 꼭대기에 어른거리는 물기가 땅 밑의 생명을 재촉한다. 숲속 양지바른 곳에는 생강나무 아스라한 꽃이 봄소식을 전하고 산수유 노란 꽃도 반짝 눈을 뜬다. 이에 질세라 산허리를 재빨리 물들이는 나무는 이름도 어여쁜 진달래다. 산마다 활달한 분홍색 벨트가 채워진다. 신기한 봄의 맛이다.

진달래꽃은 오는 걸음, 가는 걸음 다 붙든다. 눈을 맞추든지 가지를 꺾든지 입맞춤을 하려면 허리를 굽혀야 한다. 진달래가 숙이고 있으면 나도 숙여야 한다. 얼비치듯이 투명한 꽃잎은 눈에 먼저 녹고 입에도 녹는다. 혀에 대면 꽃잎이 착 붙어서 떨어지지 않는다. 쌉싸래한 맛이 느껴진다. 경쾌한 봄의 맛이다.

봄에는 다른 꽃들도 많은데 유독 진달래꽃은 한 가지씩 꺾어서 집으로 가져가고 싶다. 눈으로 실컷 보았어도 집에서 또 보고 싶은 마음, 그게 진짜 좋아하는 거다. 화전을 부치고, 화병에 꽂고, 입에도 물어야 봄을 누리는 것 같다. 진달래도 이리 저리 재지 않고 가지 하나쯤은 쉽게 내 준다. 뚝, 하고 꺾어진다. 기꺼이 따라나서겠다는 즐거움의 맛이다.

진달래는 온몸을 가볍게 단장하고서 참나무와 소나무 사이를 지

나간다. 줄기와 가지도 가볍고 꽃도 가볍다. 꽃잎이 얼마나 얇은지 석양이 비칠 때 햇빛 알갱이들이 꽃잎에 묻어 나오는 것 같다. 그 꽃잎 즈려밟고 가신 임도 있고, 꽃잎 따다 책갈피에 넣어 둔 소녀도 있을 테지만 봄산은 언제나 넉넉하게 색을 마련하고 있어서 서운하거나 불안하지 않다.

   진달래는 혼자 뚝 떨어져 있어도 곱지만 군락을 이루면 불붙듯이 화려한 색을 낸다. 혼자 있어도 그다지 쓸쓸하지 않은 것은 숲 언저리마다 같은 옷을 입은 친구들이 있어서다. 겨우내 온 산을 돌아가며 분홍색으로 박음질해 놓은 것도 친구를 만나기 위해 손에 손을 잡은 덕분이었다. 산마다 분홍색 벨트를 채우는 것이 어쩌면 진달래가 품고 있는 커다란 속정인지도 모른다. 하지만 욕심은 화를 부를 것이기에 진달래는 형편없는 곳에 친구를 초대하지 않는다. 너무 높지도 않고 으슥하게 외진 곳도 아닌 밝고 낙낙하게 굽이진 기슭에 진달래가 모여 산다. 마음 맞는 친구는 굳이 부산스레 연락하고 치장을 부릴 필요가 없다. 훌쩍 나선 걸음에 만나는 얼굴, 진달래 같은 친구가 있다면 인생 잘 빚어 온 맛이 날 것이다. 맛 중의 맛이다.

맛있게 속는다
감쪽같이 속인다

산딸나무는 열매 모양이 딸기 같아서 '산에서 나는 딸기'라고 해서 붙은 이름이다. 그럴 듯하지만 하얀 포(꽃 또는 꽃받침을 둘러싸고 있는 작은 잎)에서 말쑥하게 올라온 공 같은 꽃이 도깨비방망이 같다. 무섭게 생긴 도깨비방망이가 아니라 아기 도깨비에게 어울릴 귀여운 방망이. 산딸나무가 도깨비방망이처럼 뚝딱 마술을 부리는 것은 사실이다. 사람들이 꽃이라고 생각하는 것은 포고, 정작 꽃은 아주 작은 꽃들이 둥글게 모여 달린 꽃차례이기 때문이다. 포가 꽃잎처럼 보이도록 속인 것이다. 산딸나무는 신나게 속였을지 몰라도 나는 하얀 포로 이루어진 가짜 꽃들이 흰나비 떼가 앉은 것만 같아서, 네 개의 포가 갸웃하게 벌어진 것이 부채춤을 보는 듯해서 재미있다. 멀리서 보면 층층 흰 물결이 반짝거린다. 이처럼 포가 아래로 내려온 이유는 무엇일까? 꽃을 돋보이게 하려고, 멀리서도 잘 보이게 하려고? 산딸나무 꽃필 무렵에 벌들이 잉잉대며 몰리는 걸로 봐서 나무의 셈은 얼추 맞아떨어진 것 같다.

　산딸나무는 흥겨운 나무다. 층층나무과여서 층층이 꽃이 피고 가지마다 흥청흥청하는 느낌이 난다. 꽃이 피기 시작하여 점점 도드라지면 포의 색도 조금씩 변한다. 눈부시게 희던 포가 우윳빛이 되면서 끝이 마른다. 마치 수정한 후에는 할 일 다 했으니 슬그머니 빠지

려는 듯이 보인다. 그때부터 나무의 본심이 드러난다. 자루가 긴 열매가 달리고 점차 커지면서 설탕 알갱이를 붙인 왕사탕 같이 변한다. 딸기 모양 사탕이니 더욱 먹음직스럽다. 불현듯 어린 시절 구멍가게 앞에 주르르 놓여 있던 사탕 통, 그중에서도 침을 꼴깍 삼켜 가며 바라보던 왕사탕이 떠오른다. 열매 겉면에 송송 박힌 씨가 사탕에 입힌 설탕 알갱이 같다.

산딸나무 열매는 씨열매로 집합과 혹은 모임열매다. 사전을 찾아보면 집합과란 두 개 이상의 심피心皮에서 생긴 과실이 모여서 하나의 과실처럼 보이는 것을 이르며 오디나 딸기, 무화과, 파인애플 따위가 있다고 나온다. 산딸나무 열매의 설탕 알갱이 같이 보이는 것도 다 씨인 셈이다. 용어도 모양과 맛을 상상하게 하는 힘이 있다. '집합과'는 그저 모여 있구나 하는 느낌이지만 '모임열매'는 씨 많은 열매가 떠오른다. 산딸나무 열매는 여름 말미에 익기 시작하여 9월에는 그야말로 땅에서 딴 딸기를 가지에 매달아 놓은 것처럼 주렁주렁하다. 비바람에 간혹 한두 개씩 떨어진다. 바닥을 보면 개미들이 열매를 뒤덮고 있다. 달콤한 열매를 누군들 좋아하지 않을까.

산딸나무 열매를 만져 본다. 말랑말랑하다. 반으로 갈라 본다. 과즙이 풍부한 속살은 불그스름하고 딸기처럼 아주 달지는 않지만 은은하게 달다. 산딸나무는 아마도 자신의 열매가 더 잘 보이게 하려고 열매자루를 길게 뻗지 않았을까. 씨는 숨어 있다. 과즙을 남김없이 먹어야만 나오게끔, 껍질 안에 붙은 것까지 잘 발라먹도록 숨겨 놓았다.

산딸나무는 숨기는 재주와 뽐내는 재주를 다 가지고 있다. 딸기를 본떠 딸기인 양 감쪽같이 속이고 우리는 참 맛있게도 속아 준다.

꿀 발라 놓았을까
그렇게들 좋아하니

참나무과에는 상수리나무, 떡갈나무, 신갈나무, 굴참나무, 갈참나무, 졸참나무로 유명한 도토리 형제들이 있다. 가끔 헛갈리기도 하지만 알고 나면 나무마다 개성이 뚜렷하다. 상수리나무는 양지 바른 산기슭에 살고 열매를 둘러싼 깍정이가 오목한 그릇처럼 받치고 있어 알아보기 쉽다. 가을에 바짝 마른 잎들은 한겨울에도 가지에 붙어 있어 차르르 딸깍, 차르르 딸깍 소리가 난다. 동물이 나타난 줄 알고 놀라지만 바람에 떨리는 상수리나무 잎들이다. 빳빳하게 마른 잎들이 서로 부대끼며 내는 소리가 꽤나 크다. 굴참나무 줄기는 두꺼운 코르크 층이 있어 만져 보면 폭신하고 무늬 결도 아름답다. 떡갈나무는 떡을 쌀 만큼 넓적한 잎이어서, 신갈나무는 짚신과 닮은꼴이어서, 갈참나무는 잎자루가 길고, 졸참나무는 열매 모양이 홀쭉하니 작아서 계급 중의 막내인 졸병을 떠올리게 된다. 이렇듯 나무는 저마다 다른 표식을 갖고 있지만 경상도에서는 모두 통틀어 꿀밤나무, 도토리는 꿀밤으로 불렀다.

 꿀밤은 쓰임새도 다양했다. 무슨 내기나 놀이할 때 진 사람의 이마에 손가락 마디를 접어서 딱! 치는 것을 '꿀밤'이라고 했다. 얄밉게 해찰부리는 사람에게도 '꿀밤 맞을래?'하며 놀리거나 엄포를 놓았다. 꿀밤은 또 귀여운 다람쥐를 생각나게 한다. 다람쥐도 꿀밤을 열심

*그림은 상수리나무

히 숨긴다. 다 찾아 먹지도 못할 거면서 꼭꼭 숨기는 것이 어른들이 아이들 몰래 장방 깊숙이 숨겨 놓는 꿀단지 같다. 그래서 꿀밤나무가 되었을까? 아니면 밤나무와 구별하기 위해서 앞에 꿀을 붙였는지도 모른다. 그것도 아니라면 쓴맛을 뺀 후에 쑤어 먹는 묵 맛이 꿀맛 같았을까? 어쩌면 먹을 것이 귀하던 시절, 배고픈 자식에게 줄 것은 없고 뭐라도 먹여야겠기에 꿀을 붙여 먹였는지도 모른다.

참나무는 사람과 다람쥐만 좋아하는 것이 아니다. 도토리거위벌레는 도토리 깍지 부분에 구멍을 뚫어서 떨어뜨린다. 익어서 딱딱해진 도토리는 타닌 성분이 많아 떫은맛을 내기에 연하고 부드러운 열매에 구멍을 내어 알에서 깨어난 애벌레가 먹기 좋도록 하는 것이다. 도토리거위벌레가 자식 먹을 양식을 똑똑 끊어 내는 것도 놀랍지만 그렇게 잘리고도 셀 수 없이 많은 열매를 맺는 참나무도 놀랍다. 벌레도 사람도 다람쥐도 멧돼지도 좋아하는 나무니 참나무는 나무 중에서도 진짜 나무, 꿀밤나무가 맞는 것 같다.

3월이면 상수리나무는 벌써 꽃 피울 준비를 한다. 나뭇가지 사이가 온통 붉은 열매가 달린 것 마냥 붉다. 나무 둘레가 불그스름한 것이 꼭 꽃 같아서 올려다보게 된다. 꽃이 아닌데도 꽃처럼 보이게 하는 것도 재주다. 참나무는 참나무꽃이 심심하고 볼품없다는 이들에게 알려 주고 싶은지도 모른다. 꽃이라는 것을 선포하듯이 이것 봐라, 하고 분홍색 점을 꼭 찍어 놓았다. 그러고 나서는 꽃들이 뭉텅이로 나와서 폭발한다. 갈래를 따져 물을 수도 없이 저들끼리 너펄거리며 늘어진다. 꽃의 길이는 짤록하면서도 가늘다. 텁텁한 노란빛을 띠고 있지만 그 노란색이 꿀밤색이 될 것이라는 것을 생각하면 절로 침이 꿀떡 넘어간다.

조금은 특별했던 어느 날

참나무과에 속하는 가시나무는 키가 2.5미터까지 자란다. 나는 이 가시나무를 관공서 앞마당에서 처음 보았다. 첫 인상은 듬직하면서도 균형미가 있어 옷을 잘 갖추어 입은 청년 같았다. 녹색이 주는 밝음과 수직의 공공건물이 연결되는 지점도 산뜻했다. 만나기로 한 사람이 조금 늦는다고 해서 건물 옥상에 올라가 보았다. 쭉쭉 뻗은 큰 나무들이 어떻게 서로 어울리는지 보고 싶어서였다. 가시나무를 위에서 내려다보니 우직하게 제 뜻을 펼치며 살아온 멋진 중년 사내 같았다. 나무의 품이며 나뭇가지가 벌여 놓은 공간 사이의 반짝임이 밑에서 보던 것과는 달랐다. 그러나 계절이 바뀌어 다시 찾는다면 또 다른 모습이 보일지도 모른다. 나뭇가지는 바람에 흔들리는 것이지만 규칙적인 리듬을 띨 때에는 나무 스스로 운동을 한다는 느낌을 받는다. 비틀리며 힘겹게 받는 것이 아니라 빛을 품을 때와 같이 차례차례 제 속에 넣고 흔들어 보는 것이다. 그래서 와라라락 몰아치던 바람은 서서히 정련되어 가지런히 빠져나간다. 그날 관공서 마당에 늘어선 수많은 나무들 중 왜 유독 가시나무가 눈에 들어왔을까? 나는 내 마음이 나무를 찾아간 순간이라고 생각한다. 어떤 마음은 벽에 가붙고 어떤 마음은 나무에 가 붙을 때가 있는데 그날은 가시나무가 나를 조금 당겨 보았을지도 모른다. 조금은 특별했던 어느 날이었다.

무엇이든
감고 봅니다

노박덩굴을 처음 보았을 때 금발머리 섹시배우로 이름났던 킴 노박이 떠올랐다. 마침 노박덩굴 열매가 익어 노란데다 이름에 같은 '노박'이 들어갔기 때문이었다. 알프레드 히치콕 감독의 〈현기증〉에서 몽롱한 눈으로 먼 곳을 응시하던 그녀, 홀린 듯이 종탑으로 올라가던 그녀, 뭔가 얄궂은 내막을 숨기고 있을 것만 같던 그녀는 직업이 배우라 연기를 했지만 노박덩굴은 연기하지 않고 속내를 감추지도 않는다. 노박덩굴의 삶은 이웃나무와 경쟁하지 않고 이용하는 것이다.

윤주복의 《나뭇잎도감》 노박덩굴 잎 설명을 보면 "끝은 갑자기 뾰족해진다"라고 적혀 있다. 갑자기 뾰족해지다니, 절대 잊을 수 없는 설명이다. 둥그스름하게 뾰족하고, 기울어지듯이 뾰족하고, 길쭉한데다 뾰족하고, 잘록하게 튀어나오듯이 뾰족하고, 부드럽게 뾰족하다고 말할 수도 있는 것을 갑자기 뾰족해진다고 했다. 노박덩굴이 잎의 끝을 갑자기 뾰족하게 만든 이유는 무엇일까. 여름날 길게 길가에 드리워진 노박덩굴을 보노라면 동그란 잎이 어긋나게 줄기를 타고 내려와 땅에까지 닿아 있는데, 혹시 큼큼 땅 냄새라도 맡아 보는 것일까? 노박덩굴은 못 가는 데가 없고 안 올라가는 나무가 없고 길바닥에 내려왔다가 다시 추어올려 허공에 흔들리며 머물다가 갑자기 이웃나무에 척 걸치고 간다. 그러니 노박덩굴의 갑자기 뾰족한 잎의 끝

이 나무의 더듬이로 보이기도 한다. 오뚝하게 튀어나온 것이 작은 새의 부리 같아 보일 때도 있다.

노박덩굴꽃은 늦은 봄에 작은 알갱이 같이 모여 피는데 황록색이다. 열매는 메주콩만하고 주황색이다. 주황색은 덩굴이 가는 곳마다 돋보인다. 줄기마다 반짝반짝 장식한 것처럼 멋지다. '나 어때 예쁘지?' 하고 노박덩굴은 자신만만하다. 저만의 특별함을 알기에 그리도 높이 올라가는가 싶다. 나무를 기억하는 한 방식으로 노박덩굴 열매는 멋지게 각인된다. 모르긴 해도 킴 노박 역시 덩굴성 나무처럼 매력을 요리조리 감아올리며 멋진 활동을 했을 것이다.

노박덩굴과 비슷하지만 턱잎이 가시로 변해 날카로운 줄기를 가진 것은 푼지나무다. 무심코 줄기를 들어보다가는 움찔 놀라기 십상이다. 노박덩굴이 한창 기세를 몰아 뻗어 갈 때쯤 산딸기가 먹음직스럽게 익어 가는데 더러 같은 장소에 있으면 여간 성가시지 않다. 동그란 노박덩굴 잎들이 산딸기 보호자라도 되는 양 척척 이웃나무 가지마다 올라가서 그늘로 감싸고 있기 때문이다. 하지만 가시를 그토록 촘촘히 심어 놓았어도 누구 하나 겁내지 않고 열매를 따 간다. 노박덩굴도 아마 산딸기 걱정보다는 자신이 올라갈 디딤돌을 마련하는 것에 더 마음을 두고 있을 것이다. 무엇이든 감고 올라가 보는 데는 노박덩굴 따를 나무가 없다.

어서 와, 맛있는 열매를
내가 알려 줄게

야트막한 산길에서 흔히 보는 청미래덩굴은 동글동글 윤기 나는 잎도 귀엽고 가을에 빨갛게 익는 열매도 예쁘지만, 억센 줄기와 더듬이를 대놓고 자랑하는 덩굴식물이다. 잎겨드랑이에서 나온 두 가닥의 덩굴손은 어디든지 잡고 걸치며 뻗어 나가기 바쁘다. 뒤에서 허벅지나 종아리를 쿡쿡 찌르는 느낌이 들어 돌아보면 거의 청미래덩굴이다. 통행세를 요구하지는 않지만 지나가는 누구에게라도 제 존재를 확실히 알려 주겠다는 듯이 갈고리 같은 가시로 붙들어 세운다. 그 때문에 청미래덩굴의 잎이며 가시를 한 번 보게 된다.

    농사가 천하의 사람들이 살아가는 근본임을 내세우던 시절에는 소가 큰 재산이었다. 농촌에서는 소 없이는 아무 것도 할 수가 없었다. 소는 밭을 갈고 새끼를 낳아 집안 살림을 일으켰다. 당연히 온 가족이 소의 건강에 신경을 썼다. 매일 소먹이를 장만하는 것이 중요한 일과 중의 하나였다. 아이들은 학교 갔다 집에 오면 으레 소꼴을 베러 가거나 소 먹이러 산에 갔다. 등교하기 전에도 소를 데리고 가까운 언덕이나 저수지 둑으로 갔다. 소가 맛있게 풀을 뜯을 때 아이들은 배가 고팠다. 배가 고픈 나머지 주변에 보이는 뭐라도 먹어야 했다. 가장 쉽게 얻을 수 있는 것이 망개였다. 경상도에서는 청미래덩굴의 열매를 망개라고 부른다. 망개는 맛으로 먹지 않았다. 과즙이 없어 퍼석한데다 단맛은 약 올리듯이 찔끔 나온다. 빨갛게 익은 열매는 누가 봐도 맛있어 보이지만 적어도 청미래덩굴은 사람에게 줄 생각은 없었던 것이다.

청미래덩굴의 꽃은 덩굴 따라 올망졸망 달린 것이 귀엽고 깜찍하다. 연노랑색의 자잘한 꽃들이 휘늘어진 가지마다 봉긋하게 달려 있어 누군가가 어여쁘게 장식해 놓은 듯이 보인다. 길게 뻗은 덩굴손은 멀리서도 잘 보이게 손 흔들어서 알려 주는 표식 같다. 누군가에게 자신의 열매를 자랑하려는 것이다. '맛있는 열매가 여기 있어!' 얘들아, 어서 와!

청미래덩굴은 잎도 무늬를 넣어 낮은 곳에서도 알아보게끔 만들어 놓았다. 잎과 꽃과 가시와 열매를 총동원하여 뽐내는 것도 청미래덩굴만의 작전일 것이다. 이 작전이 통하여 청미래덩굴의 열매는 새들의 먹이가 되고 둥글둥글한 잎은 유명한 망개떡이 되어 팔린다. 망개떡은 팥소를 넣은 떡을 청미래덩굴 잎에 싼 것을 말한다. 청미래덩굴의 삶터는 날로 넓어지는 듯하다. 미래를 잘 설계한 것 같다.

늘 푸를 줄
알았지만

지금처럼 보일러가 없던 시절에는 나무로 불을 지펴 방을 뜨겁게 했다. 너나할 것 없이 겨울이 오기 전에 땔감 마련하는 것이 큰일이었다. 나무가 없으면 생활할 수가 없었다. 불을 때어 밥을 지었고, 불씨를 모아 국과 찌개를 끓이고 생선도 구워야 했다. 추운 겨울날 씻을 물을 끓여야 할 때도, 쇠죽 끓일 때도 나무가 필요했다. 그러다 보니 온 가족이 언제 어디서나 땔감 마련을 첫 번째 임무로 생각했다. 아이들은 비료포대와 갈고랑이를 들고 가서 갈비(소나무 바늘잎)를 긁고 솔방울을 주웠다. 엄마는 소나무 잔솔가지를 긁어모아 나뭇단을 만들어 머리에 이고 왔다. 그렇게 열심히 모았어도 이틀만 지나면 수북하던 나뭇더미가 푹 가라앉았다. 잘 마른 소나무가지들이 어찌나 잘 타든지 타닥탁탁 소리가 났다. 급할 때 분질러 넣으려고 꺾어 온 청솔가지에서는 연기가 풍풍 솟구쳤다. 아침저녁 부엌에서 동동걸음 하는 엄마는 매운 연기에, 머릿수건을 풀어 휘젓고 숙제하던 우리는 방안까지 스민 연기에 눈물 흘리며 기침을 했다.

  소 먹이러 산에 가면 소는 풀을 뜯고 아이들은 소나무에서 먹을 것을 찾았다. 암꽃줄기의 껍질을 벗긴 후 속살을 씹으면 첫맛은 떫지만 점차 입안이 화하고 개운해졌다. 솔잎도 쌉싸래하지만 상쾌한 향이 났다. 그때만 해도 산에 가면 온통 소나무뿐이었다. 소나무는 헐

벗고 헐거운 시골의 삶을 달래 주던 고마운 나무였다. 소나무에서 먹을 것과 불과 집짓는 재료를 구했다. 소나무 속껍질을 벗겨 내어 송기떡을 해 먹었고, 새순은 그냥 씹어 먹었고, 솔잎은 송편 찌는 데 사용되었고, 어린 솔방울은 술을 담갔다. 소나무가 주는 혜택이 너무도 크다 보니 소나무는 애써 가꾸고 보호해야 할 나무이기도 했다. 학교에서는 송충이 잡는 날이 있어 전교생이 젓가락을 들고 산에 갔다. 송충이는 솔나방의 애벌레로 소나무 잎을 갉아먹는다. 털이 많은 데다 꿈틀꿈틀 징그럽지만 열심히 잡았다. 그때는 솔방울 줍기, 잔디씨 받아 오기 같은 숙제가 있었고, 운동장의 잔돌을 고르거나 화단의 풀을 뽑았으며, 수업이 끝난 후에는 교무실과 숙직실 청소도 했다. 요즘에는 상상도 못할 일이다.

언제부터인가 산의 모습이 바뀌어 가고 있다. 소나무재선충이 소나무 숲에 균열을 내고 있기 때문이다. 소나무재선충은 나무를 갉아먹는 선충으로 솔수염하늘소, 북방수염하늘소 같은 매개충을 통하여 나무에 침입한다. 나무의 수분, 양분의 이동통로를 막기 때문에 감염되면 거의 말라 죽는다. 병든 소나무를 솎아 내자 그 자리에 아까시나무와 참나무가 들어섰다. 울창한 솔숲이 묵직한 녹색이라면 참나무와 아까시나무는 밝은 초록색에 가깝다. 기후 변화에 자연도 자리바꿈을 하는 것 같다. 조선시대 유학자는 늘 푸른 소나무를 칭송하며 변치 않는 충절을, 백성은 목숨을 이어 가는 처방전 같은 존재로 소나무를 받들었지만 이제는 변화하는 환경에 점점 사라지는

나무, 애틋함이 더해지는 나무가 되었다. 소나무는 '으뜸'을 뜻하는 우리말 '수리'에서 '솔'이 되어 '솔나무', '소나무'가 되었다고 한다. 우리나라 사람들이 좋아하는 나무 순위에 빠지지 않고, 어느 지역 어떤 산을 가더라도 만날 수 있는 소나무, 지금도 여전히 늘 푸른 삶의 으뜸가는 나무다.

매력

박쥐나무를 처음 본 곳은 제주도 물영아리오름 가는 길이었다. 6월의 숲은 싱그럽고 찬란했는데 커다란 잎 아래로 앙증맞은 귀고리 같은 꽃들이 달려 있었다. 나도 모르게 꽃을 찾아 나무 밑으로 들어갔다. 어찌나 예쁘고 깜찍하던지 일행과 떨어진 줄도 모른 채 정신없이 사진을 찍은 기억이 난다. 도르르 말아 올린 꽃잎이 정교하게 세공을 마친 장신구 같았다. 박쥐나무꽃 모양을 딴 브로치나 귀고리가 나온다면 나부터 사고 말 것이다.

여름날 저녁 부엌일을 하는데, 방충망을 툭 치며 무엇인가가 달라붙었다. 처음에는 나방인 줄 알았다. 가끔 손바닥만큼 큰 물결나방이 붙어 있곤 해서 그날도 나방이려니 생각했다. 한참 지나서도 움직이지 않아 가까이 가서 살펴보니 아주 작은 집박쥐였다. 놀라지는 않았다. 쥐나 박쥐를 무서워하는 사람은 생김새에 기겁하지만 사실 자세히 보면 귀여운 구석도 있다. 그건 아마도 새끼손가락 정도에 지나지 않을 아주 작은 동물이기에 그럴 것이다.

박쥐나무는 잎이 박쥐날개처럼 생겨서 붙은 이름이지만 잎 아래 숨은 듯이 흔들리는 꽃도 박쥐 같이 보인다. 눈에 띄지 않게 은밀하게 생활하는 박쥐의 습성을 연상해서일 것이다. 박쥐는 밤하늘을 날고 박쥐나무꽃은 녹색 잎 사이에서 총총히 빛난다. 이 꽃은 별이라고 해도 어울리고 보석이라고 해도 어울린다. 예쁜 것은 어떤 이름을 붙

여도 좋은 것 같다. 무엇인가 마음을 건드리고 가는 것에는 좋아할 마음이 미리 깃들어 있어서 감흥을 극대화시킨다. 박쥐나무에게서 박쥐 이미지를 끌어올리는 것처럼 나무 아래 검어지는 그늘조차 꽃을 위한 무대 같이 생각되기 때문이다. 그러니 박쥐나무는 박쥐처럼 비밀을 숨길 수가 없다. 앙증맞게 예쁜 꽃을 누구라도 알아볼 수 있게 달랑거리며 유혹한다. 어떤 호사스러운 표현이나 은밀한 부추김도 없이 이 단어 하나면 충분하다. 매력.

3.

색

깜짝 놀랐다
사마라

어떤 나무를 새롭게 보는 데에는 특별한 재능이나 감각이 필요한 것 같지는 않다. 무심코 지나치던 나무가 어느 날 눈에 선연히 들어온다면 바로 그날이 재능을 발견하는 날이며 자신의 감각을 펼쳐 보는 날이기 때문이다. 내게는 동네 어귀의 단풍나무를 보던 날이 그랬다. 어느 해 가을 무슨 마음에서였는지 그 나무 아래에 앉게 되었다. 자연스레 나무를 올려다보았는데 나뭇잎 사이로 앙증맞은 분홍색 날개들이 달랑거리고 있었다. 그날 솔직히 단풍나무가 이렇게도 예뻤나, 속으로 깜짝 놀랐다. 《홀로 숲으로 가다》의 저자인 베른트 하인리히는 "봄에 나는 파밍턴식당 뒤에 있는 강가 곁 주차장에서 은단풍나무의 사마라를 주웠었다. 사마라는 바람에 빙빙 잘 돌며 날았으나 바람이 없을 때 조심스럽게 놓으면 마치 화살처럼 뚝 떨어졌다"고 했다. 공중에서 날아다니는 날개 같이 생긴 씨앗을 '사마라'라 적었다. 은단풍나무는 단풍나무 중에서도 잎 모양이 특이하다. 다섯 갈래로 깊게 갈라졌고 앞면은 밝은 녹색이지만 뒷면은 은빛이다. 꽃은 황록색이고 눈에 잘 띄지 않는다. 은단풍나무와 비슷하게 황록색 꽃을 피우는 고로쇠나무는 수액 채취로도 유명하지만 봄에 자잘한 꽃들이 달리면 나무 전체가 발광하듯이 빛이 난다. 햇빛을 받은 꽃들이 밝은 노란색으로 변하여 나무를 환하게 꾸미기 때문이다.

단풍나무는 가지와 잎 사이에 수없이 많은 꽃을 피운다. 밑에서 올려다보면 붉은 별이 쏟아지는 것 같다. 셀 수 없이 많은 밤하늘의 별처럼 단풍나무도 많은 자식을 바랐던 것 같다. 진홍색의 작은 꽃들은 장차 달랑거릴 열매를 맛보기로 보여 주듯이 아래로 향한다. 또 위쪽 가지의 이파리와 열매 크기는 아래쪽 가지의 것과 다르다. 바람이 불 때 나무가 위의 잎을 흔들어서 아래쪽에 햇빛이 도달하도록 만드는 것이다. 나무가 환경에 맞추어 가지마다 조금씩 다른 속도를 내게 하는 일은 사람이 과거를 통해 현재를 보거나 누군가가 맺어 놓은 결실에 자신만의 즐거운 고리를 찾는 과정과도 닮았다. 그날 만약 단풍나무 밑에 앉지 않았다면 나는 단풍나무의 세세한 아름다움을 알지 못했을 것이고, 뱅글뱅글 돌아가며 날아가는 사마라도 몰랐을 것이다. 무엇이든 궁금하면 알게 되고 알면 더 알고 싶어 가까이 간다. 책도 그렇다. 나무 관련 책을 읽으면 나무 지식이 쌓이고 숲과 관련된 책을 읽으면 숲을 더 깊이 이해하게 된다. 이미 놀랍게 경험하고 바탕을 다진 사람들의 문장을 흡수하는 일은 나무가 햇빛을 받아들여 제 몸을 단단하게 만드는 것처럼 내 삶도 반짝이며 일어서게 하는 것 같다. 뛰어난 한 사람이 오랜 시간 공들여서 연구하고 얻은 가치와 특별한 이야기가 작은 시골 마을에까지 전해 오는 기운은 그 자체가 선물이자 놀라운 기쁨이라고 할 수 있다. 지금도 수많은 책과 나무들이 내게 사마라처럼 빙글빙글 돌아가며 새로운 궁금증을 열어 준다. 이미 익힌 즐거움 위에 새로운 즐거움을 얹는 일은 그

무엇과도 비견할 수 없는 나만의 뿌듯하고 확실한 씨앗으로 수확된다. 그리고 점점 더 멀리 확산되고 번지고 날아가 아주 작고 작은 생명체를 귀히 여기는 마음으로 연결된다. 흔히 보는 주변의 참새와 노랑나비와 지렁이 한 마리까지, 자연이 일으키는 감각과 활기찬 율동은 만인에게 공개된 비밀이자 누구나 누릴 수 있는 기쁨의 날개인 것이다. 사소한 것, 익숙해서 지나치기 쉬운 나무들의 매력을 문득 찾아내는 일이 많았으면 좋겠다. 그러려면 자주 들판과 골목을 걸어야 하고, 천천히 걸어야 하고, 가만히 보아야 한다. 내가 먼저 나무에게로 가야 한다.

단풍나무 열매를 시과翅果, 즉 열매껍질이
날개처럼 되어서 바람을 타고 멀리 날아 흩어지는
열매라고 하지만 사마라가 열매의 어여쁨을
돋보이게 하는 것 같아서 글에서는 '사마라'라
적었다.

마음을 두드리고
간다

때죽나무는 '물고기를 때려죽이는 나무' 즉, 독성 있는 잎과 열매를 짓이겨 물에 풀면 물고기가 기절한다고 하여 그런 이름이 붙었다. 열매 모양이 중의 머리를 닮았고 떼로 모여 있어 '떼중나무'라고도 한다. 하지만 꽃도 떼로 피어나고 향기도 떼로 풍겨 '떼죽나무'라고도 부른다. 때죽나무라고 할 때는 죽임과 독성이 맞물리고, 떼죽나무라고 하면 무리와 가득한 상태가 떠오른다. 때와 떼, 어느 것이건 나무의 특성을 잘 뽑아 낸 것 같다.

 때죽나무꽃은 나뭇가지 아래 귀여운 은종처럼 조롱조롱 달린다. 수없이 많은 꽃들이 몰려 있어 가지 밑인데도 환하다. 나무껍질은 우툴두툴하고 잎들은 짙은 녹색이지만 원체 꽃들이 많아서 갑자기 머리 위로 꽃다발을 얹은 것처럼 밝고 환하다. 나무 아래 서 있으면 작은 꽃들이 촘촘하게 잇대어 달랑거린다. 저 가지에서 달랑거리고 이 가지에서 달랑거리는 것이 마치 나무의 성장계획에 대해 할 말이 많은 듯하다. 예쁜 꽃들이 가득 피었다고 해서 흥겹고 좋기만 한 것은 아니다. 이 꽃들의 총총한 모임을 달가워하지 않는 방해꾼이 있으니 바로 고양이발을 닮은 벌레혹이다. 벌레의 이름은 때죽납작진딧물로 때죽나무에 붙어서 녹백색 혹을 만든다. 때죽나무꽃도 예쁘지만 때로는 활짝 맺힌 노란색 진딧물이 더 큰 꽃처럼 보이기도 한다. 게다가

꽃 사이에 파묻혀 숫제 꽃을 지키는 주인마냥 딱 붙어 있다. 이 꽃은 다 내 거야, 아무도 못 가져가게 감시라도 하듯이.

　때죽나무꽃은 작은 종과 같이 아래를 향하고 있어 가까이에서 보아야 향기와 예쁜 모양을 볼 수 있다. 하지만 멀리서 보면 더 특별한 느낌을 준다. 꽃가지들이 휘늘어져 흰 물결을 이루기 때문이다. 봄에 누구라도 이 꽃물결 아래 서 있으면 마음이 두근두근할 것이다. 달콤한 향기와 어여쁜 꽃들이 나를 위해 울리고 있는 듯이 여겨지기 때문이다. 층층이 흔들리는 꽃들이 봄바람에 아련하고 살랑거릴 기미를 실어 나른다. 은종들이 댕댕 울린다. 마음을 두드리고 간다.

하고 싶은 말이
많았겠지요

닥나무는 줄기를 꺾었을 때 '딱' 소리가 나서 '딱나무'라 부르다가 닥나무가 되었다. 햇볕 잘 드는 곳이면 어디든지 잘 자라는데 햇볕을 받는 잎도 어여쁘다. 초록색 잎에 묻히는 빛들이 색을 계속 바꾸어 낸다. 닥나무 안에 들어가 잎을 올려다본다. 무성한 잎들이 무성영화처럼 번득거리며 지나간다. 술 달린 꽃들이 환하게 떠 있고 햇빛이 일렁일 때마다 보라색이 되었다가 분홍색이 되기도 한다. 잎을 만지면 도톰한 것이 꼭 한지를 만지는 듯하다. 종이 재료가 되는 나무에게서 종이의 질감을 느끼는 것이 재미있다. 갑자기 나뭇가지 사이로 구르듯이 빛이 휙휙 지나간다. 잎에 난 구멍 사이로 햇빛이 새어 들어오는 것이 마치 별빛이 쏟아지는 것 같다. 별이 빛나는 아름다운 숲이다. 어떤 벌레가 저렇게 멋진 별을 잎에다 새겼을까?

 닥나무는 암꽃과 수꽃이 한 나무에 달리는 암수한그루다. 가지 윗부분의 잎겨드랑이에 긴 술이 달린 동그란 공 모양으로 달리는 것이 암꽃이고, 살짝 노란빛이 감돌며 어린 가지 밑 부분에 자잘한 알갱이가 뭉쳐진 것처럼 보이는 것이 수꽃이다. 나무의 사계절을 보노라면 아름다운 꽃과 기가 막힌 번식법, 줄기 무늬의 기발함에 매번 놀라는데 닥나무 역시 그랬다. 한지 만드는 나무라 해서 이미 놀랐지만 그 다음에는 나무가 피운 꽃에 놀라고 만다. 어떤 나무에서도 볼 수 없는 희한하게 생긴 꽃이다. 붉은 술이 달려 있어 마치 작은 공에다 털을 붙여 놓은 것 같다. 열매도 웃음이 나올 만치 짓궂다. 붉고 투명한 알갱이가 모여 있지만 여물지도 않고 매끈하지도 않다. 그냥 엉성하게 서로 몇 알갱이 붙어 있는 듯이 보인다. 닥나무꽃을 예쁘다, 아름답다고 하는 이는 드물다. 혹시 닥나무는 암수한그루여서 유혹하는 노력을 덜한 것일까, 하는 생각은 사람인 내가 편견에 찬 눈으로 보았기 때문이지 결코 나무를 놀리려는 것은 아니다. 닥나무가 누군가를 불러들일 궁리를 하지 않았는지는 모르겠지만 사람들에게는 훌륭하고 멋있고 아름다운 선물을 안겼다. 나는 인류가 종이를 만들고 그 재료를 나무에서 가져온다는 것이 늘 신기하고 놀랍다.

한지는 생활에 두루 쓰였고 우리 삶을 고급스럽게 끌어올렸다. 만드는 과정이 복잡하고 힘들지만 공장에서 대량으로 나오는 종이와 비교할 수 없을 정도로 질감이 독특하고 글씨를 드러내는 맛이 다르다. 잘 찢어지지 않아 예전엔 창호지로 많이 썼고 편지를 주고받던 시절에는 편지지로도 인기가 많았다. 방바닥에 발라서 콩기름을 먹이면 오래 사용할 수 있을 뿐만 아니라 은은한 광택이 돌아 멋스러웠다. 종이가 없었다면 무슨 수로 기록하고 책을 만들고 지식과 문명을 전파할 수 있었을까. 무슨 수로 먼 거리에 있는 사람에게 사랑을 고백하고 모험을 떠날 수 있었을까. 닥나무, 하면 종이가 떠올라서인지 닥나무 잎의 꼬리가 빼족하게 나온 것이 펜촉이나 붓끝처럼 보이기도 한다. 닥나무도 뭔가를 쓰고 싶지 않았을까. 아니, 이미 오래 전부터 쓰고 있었는지도 모른다. 도서관, 서재, 사무실, 공부방 어디라도 책이 없는 곳이 없고, 이는 나무가 쓰고 퍼뜨린 방대한 시간의 기록과도 같다. 지금도 나무는 계속 쓰고 있다. 나무가 지구에 쓰고 있는 글은 깊고 오래되었을 뿐만 아니라 날마다 신선하게 새로 곁들이는 것이어서 사람은 일평생 읽어도 겨우 몇 줄이다.

그 남자의 꽃

동네 끝자락에는 금슬 좋은 부부가 살고 있었다. 남편이 아내보다 몇 살 아래라고 했다. 둘 다 장애가 있어 말이 어눌하고 걸음이 느렸는데 특히나 남자의 행동이 유별스러웠다. 남자는 버스정류장이나 농협, 보건소와 같은 공공장소에서도 무람없이 굴었고 넘치는 배려와 혀 차는 소리로 아내 걱정을 하여 주변 사람을 놀라게 했다. 남자는 정수리가 보일 정도로 짧게 깎은 머리에 말을 더듬었지만 의사소통이 가능했고 여자는 거의 하지 못했다. 나는 그들 부부를 관공서 계약직으로 일할 때 알았다. 장애인이었기에 부부의 방문은 잦은 편이었다. 남자는 공무 처리가 될 동안 여자를 소파에 앉히고 온갖 시중과 잔심부름을 도맡아 했다. 믹스커피를 타서 건네며, 맛있나? 응? 뜨겁나? 응? 물 주까? 커피를 호 불어 주고, 여자가 사래들까 내내 걱정 어린 눈으로 살폈다. 세상에 그 어떤 여자도 그 여자만큼 알뜰살뜰한 사랑을 누리지는 못했을 것이다.

한번은 큰길에서 집으로 가는 부부를 만났다. 읍내 복지관에 다녀오는 길인 듯했다. 여자는 걷기가 힘든지 인도에 털썩 주저앉아 버렸다. 그 바람에 원피스 자락이 펄렁하게 벌어졌다. 남자는 메고 있던 여자의 핸드백을 흔들며 환하게 웃었다. 앞니가 하나 빠져 있었다. 여자는 멀뚱한 눈으로 나를 올려다보았다. 남자는 여자가 안 보이게

손짓하며 뭐라고, 뭐라고 했다. 눈은 웃고 입술은 장난치듯 비죽이고 있었다. 아내가 자꾸 다리 아프다고 주저앉는다, 응석 부린다고 내게 일러바치는 듯했지만 실상은 예쁘다고 자랑하는 것 같았다.

그들이 이사 왔을 때 동네 사람들은 적잖이 언짢아했다. 밤마다 여자가 악을 쓰며 소리를 질렀기 때문이다. 부부가 사는 집은 지대가 높았고 밤중에는 소리가 더 크게 울렸다. 여자의 비명소리는 점점 옅어졌는데 남편의 지극한 사랑 덕분이라고들 했다. 남자는 붙임성이 좋았고 누굴 만나도 싹싹하게 인사를 잘해서 칭찬을 들었다. 부부는 5일장에도 빠지지 않고 다녔다. 찐빵과 어묵을 사먹고 튀긴 통닭을 사는 부부를 여러 번 보았다. 그렇게 아내를 공주처럼 모시며 사랑하던 남자가 지난겨울 갑자기 죽었다는 소식을 들었다. 그는 읍내서 술을 마시고 택시를 타고 왔지만 집안에 들어가지 못하고 마당에 쓰러진 모양이었다. 연일 한파와 기록적인 영하의 날씨가 뉴스에 나오던 때였다. 여자는 며칠을 실성한 사람처럼 울었다. 한밤중에도 대성통곡을 해서 동네 사람들이 가엾어 했다. 봄에 부부가 살던 집 앞을 지나가게 되었는데 나도 모르게 발길이 멈추었다. 그 집은 따로 대문이나 담이 없었다. 개나리가 울처럼 심어져 있고 마당에는 목련이 있었다. 목련은 태산목, 백목련 등과 함께 목련속이고 영어로는 매그놀리아magnolia다. '매그놀리아'는 고귀한 흰색과 은은한 향기를 뜻한다. 목련꽃은 크고 우아했지만 땅에 떨어진 꽃은 벌써 색이 날아가 거뭇거뭇했다. 속절없이 져버린 남자의 사랑인 양 한참 바라보았다.

**어쩐지 꽃잎 하나하나가
물방울로 만들어진 것 같은**

수국, 하면 어쩐지 물의 꽃 같다. 물에서 피는 국화인 듯도 하다. 원래 이름은 '수구화繡毬花'로 '비단으로 수를 놓은 것 같은 둥근 꽃'이라고 한다. 수국은 뿌리를 내린 터와 흙 성분에 따라 꽃의 색이 달라지는데 흙이 중성이면 흰 꽃이 피고, 산성이면 청색의 꽃이, 알칼리성이면 붉거나 분홍색이 된다. 흙이 나무의 삶에 적극 동참하여 각기 다른 색을 만들어 내는 것이다.

　자식들이 커서 도시로 나가고 혼자 남은 엄마는 꽃과 나무를 많이 심었다. 채송화, 다알리아, 수국은 매일 아침 눈 뜨면 마주하는 엄마의 친한 친구이자 자랑이었다. 산 아래 담도 대문도 없이 허술했던 그 집은 아랫녘 찻길에서 올려다보면 수국이 먼저 눈에 들어왔다. 버스에서 내려 오르막길을 숨 가쁘게 올라가면 수국 너머에서 엄마 얼굴이 방긋하고 나타났다. 엄마 얼굴이 수국처럼 둥실하고 예뻤다. 초여름에 수국 꽃이 피면 엄마는 그 옆에 앉아서 나물도 다듬고 꽃을 당겨서 뺨에 대보기도 했다. 길 가던 사람들이 꽃구경하러 오면 엄마는 어느 때보다 환하게 웃었다. 담도 대문도 있는 새 집을 지어 이사할 때 엄마는 다른 건 놔두더라도 수국은 꼭 가져가자고 했다. 수국은 새 집 마당에서도 아름다운 꽃을 피워 엄마의 남은 시간을 기쁘게 해 주었다.

나는 수국, 할 때의 발음하는 맛이 좋다. 수국, 하면 입술이 앞쪽으로 밀려가며 오므려지는데 그때 살짝 물소리가 나는 것도 같다. 물과 연관된 내력은 없지만 어쩐지 꽃잎 하나하나가 물방울로 만들어진 것 같다. 겹겹이 싸고 있는 꽃잎을 들치면 물로 적신 연서가 들어 있을 것도 같다. 그 물은 멀리서 왔을 것이다. 닿는 성분에 따라 색이 변해서인지 수국은 한해에 세 가지 색, 소년과 중년과 노년을 보내는 나무 같기도 하다. 삶과 사랑도 여러 번 색을 바꾼다. 색을 뿌리치면 다른 색을 얻을 수 있지만 익숙한 색은 아니다. 어떤 색은 매번 달아나기만 해서 잡을 수가 없다. 어쩌면 곁에 둘 수 없기에 꽃에 투사하여 삶을 들여다보는지도 모른다.

나는 어떤 색일까, 다른 이에게 비춰지는 색은 내가 생각하는 색과는 어떻게 다를까? 수국을 볼 때면 내 안에서 꿈틀거리는 어떤 색들을 생각하게 된다. 이해받지 못한 색도 있고 끝내 외면한 색도 있다. 모두가 나를 형성하는 색이지만 어떤 이는 소박하다 하고, 어떤 이는 잘 모르겠다 하고, 어떤 이는 그럴 줄 몰랐다고도 할 것이다. 수국이 환경에 따라 색 반응이 다르듯이 나 역시 만나는 시간과 때에 따라 태도와 표정이 달라진다. 그건 어쩌면 생명이어서, 지고 피고 또 새로운 봄을 맞이해야 하는 생명이어서 그럴 것이다. 생명의 물방울은 하나로 되어 있지 않고 여러 가지로 배합되어 있어 색과 소리가 다양해질 수밖에 없다. 때로는 천진하고 때로는 이해할 수 없이 괴팍하고 또 더없이 상냥한 물방울과 같은 색들이 스민다. 지금도 계속 스미고 있다. 한 잎의 물은 나무에게로 가서 크고 탐스러운 꽃이 된다. 한 방울의 나는 다른 사람에게로 가서 작고 더 작은 사람이 된다. 한 나무의 꽃에서 사람의 일생이 피고 지는 것을 본다.

그러고도 남는 장사

뽕나무는 이웃 나무들에 비해 조금 늦게 봄을 시작하는 편이다. 느릅나무와 팽나무의 꽃이 질 무렵에서야 잎을 꺼내는데 뭔가를 움켜쥐고 있던 것을 펼치듯이 스르르 벌어진다. 그 모양이 뽕나무 열매인 오디를 닮아서 웃음이 난다. 잎에서부터 열매를 떠올리게 하다니 기발한 홍보작전이다. 그걸 증명하듯이 오디는 정말 오지게도 달린다. 처음에는 성근 초록색이다가 불그스름해지다가 검게 익는다.

뽕나무는 아낌없이 열매를 내놓지만 먹은 값은 꼭 치르게 한다. 동물은 씨를 옮기게 하고 사람은 입술을 검게 물들여 방금 맛있게 먹은 열매가 뽕나무에서 왔음을 밝힌다. 모두가 오디를 좋아하지만 뽕나무이만큼 좋아하기는 힘들 것이다. 몸길이가 3~5밀리미터에 불과한 뽕나무이는 열매는 물론 잎까지 하얗게 덮어 버린다. 실 같이 보이는 것은 벌레의 몸 끝에서 분비하는 하얀 가루다. 뽕나무가 욕심껏 차린 오디를 뽕나무이도 못지않은 욕심으로 차지하고 만다. 뽕나무에게 직접적인 피해를 주지 않으니 그나마 다행이다.

바람 불고 비 오면 뽕나무 아래에는 오디가 까맣게 쏟아져 있다. 오디는 과육이 무르고 잘 떨어지기 때문이다. 열매가 다 떨어지고 나면 뽕나무는 잔걱정을 걷어 낸 듯이 조금은 후련해 보인다. 잎도 반짝거리고 무엇보다 이물질처럼 끼어 있던 벌레들이 사라져서 말끔하다.

나무가 새로 사는 것 같다. 가을이 되면 뽕나무 잎은 돌연 윤기가 도는 것처럼 황금색으로 물든다. 검은 열매로 지나는 길손부터 새와 곤충들까지 다 유혹해 보았지만 꽃으로서는 칭찬을 듣지 못한 것이 못내 서운했던 것일까? 뽕나무 물든 잎을 보노라면 저렇게 뒤늦게 아름다워지는 나무라면 재주가 많을 수밖에 없겠다는 생각이 든다. 뽕나무는 예부터 당뇨에 좋은 약재로, 잎은 차로, 누에고치를 키워 비단실을 뽑았고, 열매는 잼으로, 어린 새순은 나물로도 먹었다. 정말 뭐 하나 버릴 게 없는 나무다. 특히 물가에 사는 새들이 오디를 먹고 여기저기 퍼 날라 천변이나 늪지에 뽕나무가 많다. 배불리 먹이고도 남는 장사를 원했다면 분명 뽕나무의 작전은 성공한 것이다.

나무의 때깔

우포늪의 나무벌(목포늪)은 나무가 많아서 생긴 이름이다. 왕버들 군락을 비롯한 느릅나무, 참느릅나무, 뽕나무, 이태리포플러, 은사시나무가 이른 봄부터 멋진 풍경을 만든다. 특히 왕버들은 태풍에 쓰러진 후에도 줄기에서 새 가지가 나와 특별한 삶을 사는데 노동마을 앞의 나무들이 그랬다. 나무가 엎드린 채 물가로 기어가는 듯한 자세를 하고 있었다. 이 나무를 보려고 가까이 갔다가 색다른 나무를 보게 되었다. 바닥에는 낙엽이 가득했다. 나무는 매끈한 검회색 줄기에 가지가 무성했다. 군락에 속한 나무인 줄 알았더니 버드나무와는 전혀 다른 나무여서 관찰하며 알았다. 단풍이 아름다운 신나무였다. 신나무가 있는 곳은 원래는 밭이었다. 지금도 나무 주변은 밭고랑 흔적이 남아 있고 밭둑에는 나무들이 빽빽하게 우거져 있다. 우포늪이 보전지역이 되면서 사람들은 농사를 그만두게 되었고 밭은 그대로 남았던 것이다. 내버려 두었기에 성성하게 자란 나무들이 밭 전체로 뻗어나가며 군락을 이루었다.

 옛사람들은 신나무를 염료 재료로 사용했고 색목色木이라 불렀다고 한다. 색목을 풀어쓰면 '때깔 나는 나무'다. 단풍나무는 붉은 꽃, 붉은 열매로 눈길을 끌다가 잎까지 붉게 물들이지만 신나무는 초록 잎에 연노랑색의 자잘한 꽃을 피운다. 커다란 둥치에 비해 꽃이 너무

작아 모르고 지나칠 때도 있다. 하지만 신나무는 무슨 일이 있어도 신나무임을 알리고야 만다. 아주 멋진 단풍잎을 만들기 때문이다.

  나무가 잎에다 물들일 때는 예고가 없다. 며칠 전까지는 아무 색도 아니던 것이 별안간 매혹적인 분홍색이 되어 있다. '때깔 난다.' 어쩌면 저렇게 예쁜 분홍색이 될 수 있을까 감탄하며 올려다본다. 작년에 물든 잎은 올해의 영양이 되어 나무에 스민다. 수레바퀴가 돌아가듯이 나무의 모든 것도 순례하는 것 같다. 사람도 한 계절을 살고 다른 계절에는 다른 사람이 되어 본다면 재미있을 것이다. 아름다운 단풍나무가 많고도 많지만 신나무 잎은 빛깔이 남다르고 색다르다. 색다르다는 말의 진짜를 보여 준다.

마법의 양탄자를 타고
날아가요

본격적인 여름이 시작되기 전 6월의 하늘을 황금색으로 물들이는 나무가 있다. 이름도 독특한 모감주나무다. 황홀한 노란색 꽃송이들이 윗가지를 휘감듯이 솟아오른다. 원뿔모양꽃차례여서 나무 전체가 들썩거리며 일어서는 듯하다. 멀리서 보아도, 가까이에서 보아도 더없이 아름답다. 빗물에 쏟아지는 노란 꽃잎이 황금비와 같아서 영어권에서는 'golden rain tree'라 부른다. 초록 가지 사이로 불현듯 물드는 공중이 황금색 구름 같이 보이기도 한다. 열매는 또 어떤가. 씨를 봉탕하게 둘러싼 껍질은 세 개의 면을 잇대어 놓아 모양이 볼록한가 하면 통통하고 납작한가 하면 봉긋하다. 매우 귀엽다. 솜씨 좋게 바느질로 꿰매 놓은 것 같다. 처마 끝에 달아 놓으면 귀여운 등과 같을 것이다. 새의 부리 같이 생긴 입구는 마치 열매가 숨을 잘 쉬도록, 바깥과 들락날락하며 단단하게 여물어 가라는 듯이 살짝 벌어져 있다. 그러나 진짜는 그 다음부터다. 모감주나무가 자손을 퍼뜨리는 방식은 정교하고 세심하다. 씨방이 열리면서 까만 씨가 날개를 달고 날아가기 때문이다. 대체 어떻게 저런 생각을 했을까? 껍질의 한 면이 씨의 등받이가 되어 딱 붙어서 함께 날아간다. 마치 씨가 패러글라이딩을 하는 것 같다. 아니, 마법의 양탄자를 타고 날아간다고 해도 믿을 것이다. 모감주나무는 씨만 덜렁 내보내기가 불안했을까? 그래서

씨에게는 날개를 달아 주고, 날개에게는 씨를 멀리 데리고 가는 임무를 주었을까? 이 씨방은 최대 120미터까지 날아간다고 한다. 모감주나무가 씨앗 멀리 보내는 작전에 하늘만 이용한 것은 아니다. 씨방을 배나 보트처럼 물 위에 띄워서도 보낸다. 씨는 많지 않지만 씨방이 가벼우므로 물길 따라 잘 흘러간다. 물이 데려다주는 그 자리에서 바로 씨앗의 새로운 삶이 시작되는 것이다.

 요새는 모감주나무의 멋진 전략과 상관없이 가로수로도 많이 심어 나무의 기발함은 옅어졌지만, 2018년 9월 19일 문재인 대통령이 평양 백화원 정원에 기념식수한 나무가 모감주나무여서 크게 주목을 받기도 했다. 나무가 자연의 힘을 얻어 멀리 날아가는 것도 멋진 일이지만 사람이 특별한 마음을 갖고 심는 나무는 역사와 기억에 두루 남을 사건이 된다. 갈라지고 서걱대는 마음에 황금빛 꽃이 만발하면 그보다 더 황홀한 유통도 없을 것 같다. 모감주나무꽃의 꽃말이 '자유로운 마음'이고, 나무말은 '번영'이라고 하니 더욱 그렇다. 특히나 우리나라 사람은 금색과 황금을 좋아한다. 황금을 좋아하여 황금색 꽃도 좋아하고, 꽃과 같이 황금색 행운이 쏟아지기를 바라는 마음을 나무에게서도 찾으니 모감주나무로서는 행운의 기술을 그득하게 가진 셈이다. 멀리 더 멀리 후손을 날려 보내고 싶은 모감주나무도 사람들의 열광에 큰 불만은 없을 듯하다.

날개가 파도처럼
휘어지는 가지

나는 작은 회사 마당에 있었습니다. 조경업자가 조성한 공간의 수많은 나무들 중 하나였지요. 목련, 사철나무, 향나무 소나무, 배롱나무가 이웃이었습니다. 안정되고 여유로웠지요. 불만을 가질 이유가 없었습니다. 날이 가물면 물을 끌어다 주었고 영양제를 주었고, 겨울에는 보온재를 두둑이 감싸 주었습니다. 최상의 보살핌을 받았지요. 어느 날 회사는 더 큰 마당이 있는 곳으로 이사를 간다고 했습니다. 사람들이 떠나고 우리 나무들만 남았습니다. 사방천지가 조용했습니다. 이상한 기분이었어요. 나는 뿌리째 뽑혀 트럭에 옮겨졌습니다. 나무의 운명이 사람 손에 달려 있다는 건 때로는 축복이지만 때로는 절망과 추락이지요. 하지만 잘리고 베어져 목재로 운반되지 않는 게 어딥니까. 나는 감나무, 앵도나무, 무화과나무, 석류나무 옆에 심어졌습니다.

 내 이름은 화살나무입니다. 가지에 붙은 날개가 화살처럼 보인다고 해서 갖게 된 이름이지만 사람들은 잘 몰라요. 잎만 보면 비슷한 회잎나무와 헷갈리지요. 봄에 새잎 돋을 때 보셨나요? 나는 화살촉같이 작고 뾰족한 잎을 만들어요. 아주 앙증맞게 귀여운 초록 잎이죠. 경상도에서는 예쁘고 귀엽고 사랑스러운 사람의 행동이나 형태를 '새첩다'고 합니다. 나를 마당의 새 식구로 맞아들인 이 집에는 엄마와 딸, 모녀가 살아요. 엄마는 나를 잘 아는 듯한데 딸은 처음 본다는군요. 엄마는 나의 새 잎을 '새첩다' 하고, 딸은 새의 부리 같이 생겼다고 합니다. 화살촉과 새의 부리는 언뜻 닮은 것도 같지요. 화살도 날아가고 새도 날아가고 나도 날아가는 날개를 가졌으니 재미있습니다.

홑잎나물이라고 들어보셨나요? 내가 새봄에 만든 새잎은 부드러워서 나물로 먹을 수 있어요. 딸도 인정한 맛입니다. 엄마는 휘어지는 가지 아래 앉아서 잎을 훑어요. 나는 많은 잎을 달기에 한 움큼씩 뜯어 가도 괜찮답니다. 딸은 처음에는 나의 매력을 몰라보고 퉁퉁거렸지만 이내 푸르게 파도치는 가지에 넘어갔지요. 나는 귀엽고 앙증맞은 연노랑색 꽃을 다다다닥 피워요. 왜 그렇게 하냐고요? 가지만 빛나게 하면 재미없잖아요. 꽃들이 어여쁘게 주목을 받으면 나는 더욱 아름다워지겠지요. 나는 가을 단풍이 들 때 또 한 번 놀라게 하지요. 가을이 되면 나는 초록색 잎을 예쁜 분홍색으로 물들입니다. 모녀는 이때만큼은 의견 일치를 보아서 함께 즐기고 감탄합니다. 딸이 엄마에게 엄마 '너무 예뻐!' 그러면 엄마는 말하지요. '참 곱다.' 손바닥에 잎을 펴서 만져 보지요. 마당에 웃음소리가 넘칩니다. 나는 모녀를 기쁘게 하여 으쓱해집니다. 하지만 이젠 그 모습을 볼 수가 없어요. 봄이면 파도치는 가지 아래 앉아서 내가 만든 부드러운 잎을 훑던 엄마가 멀리 가셨거든요. 올해는 딸이 내 품에 들어와 잎을 훑어 갔습니다. 그녀의 엄마가 그랬던 것처럼 쪼그리고 앉아서 나를 요

래조래 올려다보았지요. 어쩌면 이렇게 굽이치는 파도를 들일 생각을 했니. 참 근사하구나. 딸이 말하는 소리를 들었어요. 말에 향기가 났지요. 나는 오래 이 집에서 살 겁니다.

기분 좋은
들뜸

가로수로 심은 중국단풍나무는 녹색 머리 다발이 풍성하다. 줄기에 비해 나뭇가지가 크고 잎을 많이 매달기 때문이다. 봄날에 가로수 아래를 지나가면 중국단풍나무의 무성한 잎들이 젖혀지며 눈을 시원하게 한다. 나무는 달리는 차 안에서 볼 때와 걸어가며 바라볼 때가 다르다. 사계절 매순간이 다르고 햇빛이 많을 때와 적을 때가 다르다. 이 다른 맛을 보려고 가로수 아래를 걸어간다. 나무들이 휘어지거나 굽어지면 길들도 안으로 밀려들어 왔다가 밀려 나가는 것처럼 보인다. 길바닥의 평평함도 나무가 가진 둥글고 기우뚱한 모양을 받아서 좀 더 색다른 길이 된다.

가을이 오면 중국단풍나무는 기분 좋은 들뜸을 과시하듯이 가지 사이 한 부분이 문득 밝아진다. 물들일 채비를 끝냈다는 것이다. 색들은 뽐내듯이 양 갈래에서 붉어진다. 단풍이 물결로 들이친다. 이어 잠자리 날개 같은 시과가 다소 빠듯하게 보이는 잎 사이에 달린다. 숱 많은 녹색 다발에 이어 아름다운 단풍까지 작업을 마친 중국단풍나무는 은빛 비늘 같이 얇게 일어나는 나무줄기를 훤하게 내보인다. 마치 대팻집으로 벗겨 낸 것처럼 여러 겹이다. 헐거워진 겨울 햇살이 나무 속을 시원하게 헹구고 간다. 저렇게 빈 나뭇가지들이 봄이 되면 언제 그랬냐는 듯이 커다란 녹색 다발을 들 것이라는 생각을 하

면 겨울 가로수 아래 걷는 맛도 황량하거나 쓸쓸하지 않다. 가로수는 늘 변함없이 한 자리에서 사계절을 변주하여 우리의 눈과 마음 안에 뛰어든다. 서서 움직이는 영상과도 같다. 아무 때라도 그 길을 지나면 아름다운 화면을 공짜로 받을 수 있다.

세상에서 가장 잘생긴 나무 대회가
열린다면

아마도 세상에서 가장 잘생긴 나무 대회가 열린다면 팽나무는 거뜬히 예선은 통과할 것이다. 얼추 내가 아는 나무 안에서 헤아려 보아도 그렇다. 유연하게 뻗은 가지와 야무진 인상은 미남 배우를 기억하는 것처럼 오래 남는다. 아마도 터전을 잘 잡아서 모자람 없이 잘 컸기 때문일 것이다. 내가 만약 심사위원이라면 본선 진출은 물론 우승 후보에 올릴 지도 모른다. 이건 어디까지나 사람인 내 눈에 그리 보인다는 말이다. 세상에 못생긴 나무가 어디 있겠는가. 매끄러운 수피, 균형 잡힌 자세, 일정한 굵기, 전체적인 조화가 팽나무의 강점이다. 봄에 피는 꽃은 희미한 은색이라 눈에 잘 띄지 않는다. 열매는 콩알만 하게 달리는데 익으면 황색이 된다. 이 열매에서 팽나무 이름이 나왔다. 팽총은 팽나무 열매를 총알로 쓰는 아이들의 장난감 총이고 '팽'이 열리는 나무여서 팽나무가 된 것이다.

   한 나무를 좋아하면 나무를 둘러싼 주변 모든 것들하고도 인사를 나누게 된다. 팽나무는 이웃들을 많이 맞아들였다. 둥치에 말벌이 끓는 것은 걱정되지만 할미꽃과 산자고가 피는 것은 반갑다. 장대나물이 밋밋한 길가에 나란히 선 것도 재미있다. 봄에는 앞자락의 찔레꽃 흰 덤불과 가을에는 숨은 듯이 배시시 열리는 배풍등 빨간 열매가 어우러져 어여쁘다. 마음 복잡하고 싱숭생숭한 날 팽나무를 보노라면 애달파 하던 것도 무르춤해지고 얄팍하게 굴었던 일도 돌아봐지고 팽총에 쓰인 열매처럼 나도 어딘가로 팽! 하고 날아갔다가 돌아온 것처럼 시원해진다. 잘생긴 데다 마음까지 시원하게 해 주니 무슨 대회인들 우승 후보로 밀지 않겠는가.

4. 물

마술을 부리는 시간

봄은 자연이 마술을 부리는 시간이다. 겨울에는 휑하니 비어 있던 허공이 어느 날 연둣빛 보드라운 잎들로 채워진다. 이게 봄날의 첫 번째 마술이고, 두 번째 마술은 그 나무에 둥지를 튼 새들이 알을 낳고 새끼를 길러 내는 것이고, 세 번째 마술은 새끼들이 둥지 밖으로 나와 부모와 같은 소리와 색을 지니고서 아름다운 자연이 되는 것이다. 자연의 마술은 어느 때 어떤 나무라도 가능하지만 봄에 가장 먼저 선보이는 것은 늪지의 버드나무들이다. 그중에서 왕버들은 물가를 빙 둘러 서 군락을 이루고 수형이 아름다워 어느 계절에 보아도 멋있고 당당하다.

  왕버들은 곧게 뻗지 않고 밑에서부터 가지가 벌어진다. 진흙에 뿌리를 내리고 물이 있는 곳을 향하기 때문이다. 태풍에 쓰러진 나무는 아예 바닥에 엎드려 있다. 죽은 듯이 보이지만 왕버들은 결코 죽지 않는 마술을 부린다. 옆구리에서는 새로운 맹아가 나오고 아래쪽에는 수생식물이 자라며 작은 동산을 만든다. 한 줌의 흙에서도 식물은 자라고 오리들이 모여든다. 햇빛이 돌자 나무도 혈색이 좋아져서 그 아래 이삭사초와 제비꽃이 피고 누군가 흘리고 간 멍석딸기도 꽃을 피운다. 왕버들은 제 삶을 돌리듯이 가지를 사방으로 뻗지만 길가로 향하던 가지는 돌연 물가로 꺾는 신기한 재주도 보인다. 마치 사람이 왼손바닥으로 오른쪽 팔꿈치를 대듯이 나무는 땅바닥을 딛고 니은자로 꺾어진다. 왕버들은 그토록 물을 섬기고 물 가까이 가려는 것이다.

　봄의 왕버들은 버들 중의 왕답게 수많은 씨앗을 쉴 새 없이 생산한다. 수정한 씨앗에 솜털을 붙여 날리는데 바람이 불면 나무의 자식들이 일제히 한 방향으로 날아가며 부모로부터 멀어진다. 나무 전체가 솜 만들어 내는 공장 같다. 솜이 끝도 없이 풀려나온다. 이웃 나뭇가지에도 걸리고 길바닥에도 하얀 솜뭉치들이 깔린다. 이 씨앗들이 모두 발아한다면 왕버들은 군락이 아니라 왕국을 이룰지도 모른다. 다행인지 종자는 생명력이 짧아서 일부만이 살아남는다.

　사람들이 환호하는 것은 왕버들이 만들어 내는 기발하고도 예술적인 풍경이다. 나무가 둥글어지는 봄에는 나무 꼭대기와 아랫부분이 맞닿아서 물에 반영된 나무 그림자가 숲과 같지만 가을에는 가닥가닥 벌어진 가지 끝에서 물든 잎들이 내려앉아 나무가 채색한 그림으로 변한다. 더 멋진 것은 아침저녁 일교차가 커서 물안개가 피어오를 때다. 왕버들은 안개를 붙이고 다니며 길 안내를 하는 듯하다. 안개에게 밀리거나 끌려가는 것이 아니라 너울너울 손짓하며 무슨 말을 나누는 것 같다. 늪은 물을 품고, 물은 나무를 키워 내며 자연은 그 모든 것을 어우러지게 하는 배후이자 전부인 것이다. 지금 이 순간에도 왕버들 가지는 물길을 휘감듯이 굽이치며 왕의 풍모를 과시하고 있다.

둑길 따라 흔들리던
눈부신 추억

개울가에는 아까시나무가 줄지어 서 있었다. 빨래하러 가는 엄마들 가슴이 벌렁거렸다. 방망이를 탕탕 두들겨 보아도 바람에 실려 오는 꽃향기에 자꾸만 둑 너머를 돌아보았다. 눈만 뜨면 들일하랴 집안일 하랴 머리 꼴이 엉망이었다. 늘 머릿수건을 쓰고 다니는데다 빗을 시간도 없어 머리칼이 북덕북덕했다. 읍내 미장원은 집안의 큰 행사가 있는 날에나 가는 곳이었다. 요새 유행한다는 뽀글뽀글 파마를 하고 싶어도 그럴 시간도, 돈도 없었다. 아쉬우나마 아까시나무 잎줄기를 꺾어다 잎은 떼어 내고 줄기로 머리를 말았다. 아까시나무 잎줄기는 부드럽게 잘 굽혀지고 질겨서 오래 묶어 두어도 끊어지지 않았다. 줄기로 머리카락을 감은 후 한참 있다가 풀면 미장원 파마에 댈 수는 없지만 그럭저럭 기분은 낼 수 있었다.

엄마들이 아까시나무 잎줄기로 멋을 냈다면 아이들은 아까시나무 꽃으로 멋을 부렸다. 개울은 아이들의 신나는 놀이터이자 수영장이었다. 여름에는 온종일 멱감고 송사리 잡고 소꿉장난하며 놀았다. 여자애들은 커다란 돌로 집을 짓고 반짝거리는 사금파리와 예쁜 돌을 모아 밥상을 차렸다. 평소에는 흙이나 모래알로 밥을 지었지만 5월에는 먹을 수 있는 향긋한 아까시나무꽃으로 밥도 수북하게 담았다. 개울 옆에는 샘물이 솟는 '보통'이 있었다. 논에 물을 대기 위하여 둑

을 쌓고 냇물을 끌어들이는 곳을 보(洑)라고 한다. 아마도 물을 막아서 사용했기 때문에 '보통'이라 했을 것이다. 폭은 2미터 정도에 수심은 1미터 남짓 되었는데 여름에는 물이 시원하고 겨울에는 따뜻했다. 어른들은 보통에서 나물을 씻고 빨래도 하고 동네 사람들 안부도 주고받았다. 보통은 일종의 사랑방과 같았다.

보통이 붐빌 때는 여름 저녁이었다. 온 동네 사람들이 보통에 몸을 씻으러 갔다. 남자들은 상류에 자리를 잡고 여자들은 달빛에 벗은 몸이 드러날까 조금이라도 덜 비치는 다리 아래로 모였다. 보통을 막은 둑길은 막 두근두근 설레는 마음을 갖게 된 소년 소녀들의 데이트 장소이기도 했다. 우거진 아까시나무들이 앳된 얼굴과 마음을 가려 주었다. 짓궂은 남자들은 물에 들어간 여자애들의 옷을 몰래 훔치거나 목욕바구니 안에 쪽지를 넣기도 했다. 그런 날 저녁에는 온 동네 사람들이 옷을 찾느라 야단들이지만 대개는 한바탕 소동으로 끝났다. 선녀와 나무꾼 흉내를 낸 것이겠지만 선녀는 알아도 나무꾼은 끝내 알아 내지 못할 때가 많았다.

'보통'은 상수도가 들어오면서 막을 내렸다. 사람들은 마당에서 나물을 씻고 설거지를 했다. 어두운 들길을 걸어 집으로 돌아올 때 서로의 몸에서 맡아지던 비누 냄새, 익어 가는 벼 냄새, 함께 부르던 노래는 그때 이미 기억 속으로 사라지고 있었다. 흰 돌들이 끝없이 펼쳐져 있던 개울 바닥, 둑길 따라 흔들리던 아까시나무꽃들은 그리움에 가끔 꺼내 보는 장면이 되었다.

나의 나무
나의 새

수평적인 늪에서 수직으로 솟아오른 나무는 주변과 두루 어우러지는 풍경이 될 뿐만 아니라 무수히 많은 생명을 받아들이고 내보내는 역할을 한다. 작은 새들은 나뭇가지를 들락날락하며 먹이를 찾고, 몸집이 큰 새들은 나무 꼭대기를 디딤돌이나 망루로 사용한다. 포플러나무는 햇빛과 바람을 잘 걸러낸다. 좍 벌려서 그늘을 만들어 주는 가지와 위로 쭉쭉 뻗은 줄기는 새가 걸터앉기 좋게, 숨어 있기 좋게 생겼다. 둥근 삼각형 잎은 성글게 흔들리고 잎자루는 잘 뒤집히도록 길다. 봄에 포플러나무를 올려다보면 햇빛을 많이 받는 꼭대기와 아래쪽이 다르다. 밑에서는 이제 잎이 나고 있는데 위쪽에는 수꽃들이 줄줄이 피었다. 수꽃은 강아지 꼬리 같이, 바늘집에 꽂아 두는 핀 같은 것이 가득 차 있다. 만져 보면 몽실몽실하고 부드럽다. 바람이 불면 수꽃은 한 줄로 늘어서고 초록 잎은 손바닥을 뒤집듯이 지그재그로 반짝인다.

둑길에는 키 큰 포플러나무 한 그루가 있었다. 있었다고 과거형으로 말하는 것이 조금 슬프다. 나는 그 나무를 '파랑새나무'라고 불렀는데 해마다 파랑새 부부가 거기서 번식하는 것을 보았기 때문이다. 나무는 크고 우람했지만 이용하는 새가 많아서인지 윗가지가 훤하게 드러날 정도로 닳아 있었다. 그 나무에서 발견한 새만 해도 여러

종이었다. 주로 여름철새인 파랑새와 꾀꼬리가 즐겨 찾았고 까치, 큰오색딱따구리, 멧비둘기, 때까치도 자주 왔다. 포플러나무는 새들에게 망루와 사냥터, 쉼터일 뿐만 아니라 새끼를 길러 내고 키우는 보금자리, 놀이방, 실습장소도 된다. 무성한 잎들은 가리개가 되어 몸빛이 밝은 새들을 숨겨 준다.

봄과 여름에 포플러나무 주변에 몇 시간씩 숨어 있곤 했다. 파랑새의 번식 과정을 보기 위해서였다. 파랑새는 내가 조금만 움직여도 알아채고는 날아갔다. 긴장감이 돌았다. 새끼들이 나오자 파랑새들은 바쁘게 먹이를 물어 갔다. 파랑새 소리는 꾀꼬리처럼 맑지 않다. '캐캐캣 캐캐캣' 높고 날카로운 소리를 내며 먹이 사냥을 한다. 공중에서 잠자리 사냥을 하는 것, 성가시게 구는 까치 떼를 몰아내던 것, 새끼들이 둥지 밖을 나와 목을 빼고 기다리던 모습을 거기서 보았다. 가을이 오면 익숙한 소리들이 하나둘 사라진다. 여름철새 소리가 들리지 않으면 겨울철새들이 온다는 신호다.

해가 바뀌어 천변에 갔더니 둑이 헐쑥했다. 포플러나무가 사라지고 없었다. 무슨 일이 일어난 거지? 저절로 쓰러진 것일까, 아니면 쓰러뜨린 것일까? 봄에 올 새들이 걱정이었다. 갑자기 사라진 나무를 생각하자니 울컥했다. 그 나무에서 번식하던 파랑새 부부가 당황하지 않을까? 집이 사라졌다고 놀라지 않을까? 물론 다른 나무에 가겠지만 마치 내 일인 양 서운하고 씁쓸했다. 나무가 사라지면 거기에 살던 새도 사라진다. 비록 나무는 사라졌지만 나는 나무를 기억하기에 언제라도 새를 부를 수 있다. 그 나무에는 새들이 남긴 주소가 있기 때문이다. 나무는 새를 부르고 새들은 주소를 옮기며 자유롭게 산다.

이태리포플러*Populus euramericana* Guinier는
미루나무와 양버들과의 잡종으로
이탈리아가 원산이다. 이 글에서는
'포플러나무'로 표현했다.

밀고 당기는
향기의 중매쟁이

장미와 찔레꽃 중 누가 더 아름다울까를 꼽는 것은 쓸데없지만 만약 향기로 대결한다면 찔레꽃에도 승산이 있지 않을까? 장미가 5월의 여왕이라 불리고 아름답다는 것에 이의를 달 사람은 없지만 언제 어디서나 반갑게 맞아 주는 꽃으로는 찔레꽃이 으뜸이다. 누가 뭐래도 도랑가, 길가, 산기슭, 둑길 어디서든 함박웃음을 물고 있다. 길가 양 갈래로 찔레꽃이 피면 커다란 꽃등을 켜 놓은 듯이 환하다. 꽃보다 매혹적인 것은 향기다. 장미는 무리지어 있어도 찔레꽃만큼 드높은 향기를 주지 않는다. 찔레꽃은 그야말로 찌를 듯이 향기를 뿜는다. 어떤 향수보다 달콤하고 상그럽다.

찔레꽃의 부드럽고도 향긋한 힘은 가시에서도 찾을 수 있다. 줄기마다 가시를 빼곡하게 꽂았지만 그리 앙칼지지 않다. 꽃을 보려고 가까이 가면 저 먼저 화르륵 꽃잎을 흩어 버린다. 겉으로만 흥! 김유정 소설 '동백꽃'에서 '뜨뜨뜨' 하는 점순이 같다. 점순이가 허구한 날 애만 태우는 것 같지만 속은 그렇지 않을 것이다. 장미는 꽃잎을 하나도 내주지 않겠다는 듯이 모여 있지만 찔레꽃은 꽃잎을 펼치고 어디 거짓말인가 봐라! 이러면서 몇 마디 하지도 않았는데 지레 뚝뚝 떨어진다. 뿐인가. 장미는 코를 가까이 대야만 향기를 맡을 수 있지만 찔레꽃은 근처만 가도 홀리듯이 향기를 흘린다.

봄에 갓 나온 찔레꽃 순은 먹을 수 있다. 쌉쌀하면서도 어렴풋하게 달다. 사랑을 알기에는 어리다지만 알 건 다 안다. 점순이 마음과 같다. 점순이는 아버지 말에 속아서 3년 7개월이나 머슴살이하고 있는 남자를 요리조리 훔쳐보고 떠본다. 찔레꽃은 계속 찌를 것이다. 벌과 나비를 모아 계속 마음을 알랑거린다. 점순이는 통통대고 성깔을 부리지만 언젠가는, 언젠가는 마음을 알아 줄 것이다. 머슴은 그렇게 믿고 싶지만 수틀리면 찔레꽃 꽃잎처럼 후르르 흩어 버릴지도 모른다.

나는 동백꽃이 아니라 찔레꽃에서 점순이의 사랑을 읽는다. 싫다고 하면서도 자꾸만 엿보는 마음이 혼곤하게 휘도는 향기와 화르르 흩어지는 찔레꽃 같다. 머슴은 종잡을 수 없는 여자 마음에 화가 나지만, 주인이 일만 시켜 억울하지만, 언젠가는 점순이와 눈 맞추고 언젠가는 사랑할 날을 손꼽아 기다린다. 언젠가는, 하고 기대하는 것이 무섭고, 무섭게 오래 간다. 설렘은 막무가내이고 겁이 없다. 찔레꽃 향기 맡아 본 이라면 백 번도 넘게 찔려 보았을 설렘이다.

저물녘 연못가에
한 사내가 앉아 있네

연못가 늘어진 수양버들 가지는 바람에 너울거린다. 남자는 낚싯대를 드리우고 하염없이 앞만 보고 있다. 운동모자를 눌러쓰고 있어 얼굴은 알아볼 수 없다. 어디선가 희미하게 노래 소리가 들린다. "묻지 마라 왜냐고 왜 그렇게 높은 곳까지 오르려 애쓰는지 묻지를 마라." 조용필의 '킬리만자로의 표범'이다. 나는 처음 그 노래 들었을 때 '킬리만자로의 고독'인 줄 알았다. 높은 산에 오른 한 남자의 고독한 심정이 절규하는 것처럼 들렸다.

남자의 상의는 작업복인 듯 짙은 청색이고 가슴팍에 주머니가 달렸다. 눈에 익은 회사 이름이 박혀 있다. 저녁이 되자 오리들이 날아든다. 다음 날 다음 날에도 남자는 그 자리에 있다. 그가 정말로 낚시를 하러 왔는지 알 수 없다. 수초 사이에서 몸을 까딱거리는 새는 쇠물닭이다. 부들 사이에 둥지를 틀었다. 한 마리는 알을 품었고 한 마리는 수생식물 줄기를 물어 와 둥지 보수를 한다. 털이 민숭민숭한 새끼들이 어미와 같이 까딱거리며 따라다닌다. 새끼들은 얼마 지나지 않아 어미 곁을 떠날 것이다.

수양버들이 남자의 상체를 가리며 흔들린다. 남자가 낚싯대를 들어 올리는 것을 본 적이 없다. 혼자만의 시간이 필요했든지 아니면 시간을 보낼 장소가 필요했을지도 모른다. 남자는 웅크린 자세로 앞

만 본다. 그의 시선이 꽂히는 곳에 낚싯대는 없다. 부쩍 자란 쇠물닭 새끼는 이제 혼자서도 먹이를 잡는다. 잠수 잘 하는 논병아리도 새끼를 데리고 나왔다. 연못은 불어난 식구들로 떠들썩하지만 남자는 미동도 없이 앉았다가 간다.

갑자기 남자가 보이지 않는다. 나는 수양버들 아래 남자가 앉았던 자리를 지나치다가 내려가 본다. 갈대 사이에 앉으니 건너편이 하나도 보이지 않는다. 저쪽에서는 이곳이 보였는데 이곳에서는 보이지 않는 구조가 심상하다. 자신의 눈만 가리면 이 세상의 일들도 사라지게 되는 걸까. 수양버들은 바람을 등지지 않지만 남자는 등질 무슨 사정이 있었는지도 모른다. 수양버들은 바람을 타고 논다. 바람을 이기려 들지 않고 낭창한 가지로 바람을 이용한다. 수양버들 가지를 올려다보다 나무 틈새에 접힌 은박지와 나무젓가락을 발견한다. 조용필 노래를 들으며 김밥을 먹다니 그보다 쓸쓸한 일이 있을까. 수양버들 아래여서 더 그럴지도.

가끔 소리 내어
알립니다

산기슭의 많은 나무들 중에 은사시나무는 희고 눈부신 줄기 때문에 쉽게 알아볼 수 있다. 잎의 색이나 크기도 차별된다. 소나무의 갈잎과 참나무의 톱니가 있는 길쭉한 잎에 비해 은사시나무는 짙은 초록색에 너펄거리는 느낌이 들 정도로 잎들이 겹쳐 있다. 은백양 암나무와 재래종 수원사시나무의 수나무를 교배하여 만든 은사시나무는 마치 제 이름표마냥 은회색 줄기에 마름모꼴 무늬를 새겼다. 꼭 나무의 눈 같다. 무늬 둘레는 사람으로 치자면 눈꺼풀처럼 검고 짙다. 그래서 은사시나무 군락을 지날 때면 나무의 눈들이 일제히 나를 바라보는 것 같은 착각이 든다. 나는 기분 좋게 나무를 올려다보지만 나무가 나를 보는 기분은 어떨까.

 은사시나무를 특별하게 기억하는 것은 줄기 무늬 때문만은 아니다. 여름철새인 꾀꼬리 둥지를 처음 발견한 나무가 바로 은사시나무였다. 하염없이 둥지 안에 날아들 새를 기다리던 때, 둥지 안의 새끼들이 나오기를 기다리며 숨어 있을 때, 내 눈은 은사시나무를 벗어난 적이 없었다. 넓은 잎들은 새의 화려한 깃털을 숨겨 주고 천적의 눈을 가린다. 둥지를 안전하게 지킬 수도 있다. 잎이 무성한 은사시나무가 일종의 보호막 역할을 하는 것이다. 새끼 키울 때의 새는 예민하게 주위를 경계하지만 그 새를 보고 싶은 나는 숨을 죽이고 다른

나무 뒤에 숨는다. 숨는 새와 내가 같은 장소에서 눈치를 보고 마주치며 거리를 조절한다. 나는 마주침을 최소화하기 위해 언제나 멀리 떨어져서 관찰했는데 그 덕분에 나무를 더 잘 기억하게 되었다.

은사시나무를 알아보는 또 하나의 방법은 잎을 보는 것이다. 잎의 앞면은 초록색이고 뒷면은 은빛이다. 아마도 그래서 나뭇잎의 초록색과 은빛이 섞여 맑고도 부드러운 색을 내는 듯하다. 몸과 잎에다 은빛을 찰랑거리는 나무니 이름값을 톡톡히 하는 나무다.

겨울에 잎을 다 떨구어 낸 은사시나무는 흰 줄기만이 드러난다. 한겨울 바람이 몰아치면 나무들은 소리를 낸다. 통통 가까이 왔다가 멀어진다. 바람이 나무와 나무 사이를 빠져나가는 소리, 나무가 나무에게로 기울어지며 내는 소리, 나무들이 쓰러지지 않으려고 허리를 꺾는 소리. 나는 은사시나무의 유연함이 좋다. 새들이 나무에 둥지를 짓고 새끼를 키우는 것, 줄기의 무늬를 깊숙하게 제 속에다 찔러 넣는 것도 좋다. 나무의 눈이 가늘게 포개어져 있을 때는 햇빛이 고요할 때다. 통통 소리를 낼 때는 쓰러지지 않겠다고 다짐하며 제 이름을 알리는 것이다. 제 삶을 빛나게 소리칠 줄 아는 나무다.

5.

열매

밤에 꽃향기를
맡아 보다

밤의 나무는 어둠 속에 고요히 있다. 잎 하나 흔들림 없이 섰다. 벚나무는 꽃이 진 뒤에도 환하지만 이 나무는 캄캄한 가운데에서 문득 행인을 붙든다. 나는 손을 뻗어 꽃냄새를 맡아 본다. 이것은 뭐랄까, 옅게 미소 짓게 한다. 강하게 끌지 않지만 은은히 다가온다. 이 나무의 이름은 살구나무다. 나는 엇비슷한 시기에 꽃피는 나무들 중 매화보다는 향이 옅고 복사꽃보다는 색이 순한 살구꽃이 좋다. 살구꽃은 연하고 사랑스러운 분홍색이다. 꽃잎이 담방하게 벌어지지 않고 멋쩍게 숙이지도 않으면서 또렷하다. 이렇듯 꽃과 향기는 심심하지만 열매는 알차게 속도를 내는 편이다. 살구꽃 지고 나면 한동안 살구나무를 잊어버리는데 어느 날 갑자기 호출하듯이 살구가 툭툭 떨어진다. 맛있는 열매를 가지러 오라고 알리듯이 밤새 한 소쿠리나 떨어져 있다.

살구는 맛도 맛이지만 은은한 향기가 기분을 좋게 한다. 살구 만진 손에서는 살구향이 난다. 한동안 향이 멈추지 않아 살구를 잊을 수가 없다. 살구 씨는 예로부터 기관지염과 기침, 가래에 좋은 약재로, 노화된 각질을 제거하고 기미, 주근깨를 없애는데 좋은 재료로도 많이 사용되었다. 몰랑몰랑하게 잘 익은 살구는 그냥 먹어도 맛있지만 졸여서 잼을 만들어도 맛있다. 시골에서는 살구 익어 갈 무렵이

가장 바쁜 농사철이라 줍는 사람이 드물다. 아침 일찍 트랙터나 경운기가 먼저 지나가면 살구는 터지거나 으깨어져 있다. 속살이 비어져 나와 벌이 몰려들고 향기가 진동한다. 살구나무로서는 열매를 어이없이 낭비하는 것 같지만 향기와 맛에 취하는 것은 사람만 아닌지라 곤충들에게도 만찬을 즐길 기회가 되는 것 같다. 이렇듯 유실수 중에는 한 알의 열매도 함부로 낭비하지 않으려는 나무가 있는가 하면 바람 불고 비가 오면 열매를 던지듯이 툭툭 놓아 버리는 나무도 있다. 살구나무는 툭툭 놓는 쪽이다. 열매만 오매불망 지키려는 욕심이 없어 보인다. 아무 소리도 하지 않았는데 갑자기 등 뒤에서 툭툭 소리가 나서 돌아보면 살구다. 살구나무는 제 열매를 아주 가볍게 놓아 주는 자유로운 나무 같다.

  살구나무는 비슷한 시기의 다른 나무 꽃들과 어울려 보기 좋고, 꽃의 색과 모양을 구별하는 기쁨을 주어서 좋고, 이윽고 향긋한 열매를 맛보게 해서 고맙다. 한철 지나가는 기쁨일지라도 나무에서 세 가지 즐거움을 얻으니 꽃 지는 것이 슬프지 않고 열매가 물크러져도 아깝지 않다. 살강살강 살구 익는 계절이 되면 별다른 이유 없이 멀어진 사람이 떠오르고 어딘가에서 나를 떠올리는 사람도 있겠지, 생각하는 서정은 살구나무 가지에서 온 것이다.

못생긴 게 아니라
그윽한 겁니다

어린 시절 못생긴 사람을 놀릴 때 흔히 모과 같다고들 했다. 모과나무 열매가 울퉁불퉁하고 한쪽이 꺼져 있거나 검기 때문이다. 그러나 향기만은 그 어떤 잘 생긴 과일보다 달콤하고 상큼하다. 모과는 '나무에 달린 참외'라는 뜻의 목과木瓜가 변한 것이라고 한다. 어째서 참외와 같이 여겨졌는지는 모를 일이지만 참외는 무르고 모과는 단단하다. 닮은 점이라면 색이 노랗다는 것이다. 모과나무는 줄기 껍질도 단단하다. 껍질에는 노란색과 갈색 얼룩무늬가 나 있어 누구라도 단번에 모과나무인 줄 알아본다. 기다란 타원형으로 섬벅섬벅하게 박힌 무늬를 보노라면 저것조차 모과와 닮았다는 생각이 든다.

    모과는 감이나 복숭아처럼 그냥 먹을 수 없고 저장해서 먹는 과일도 아니었다. 주로 집에서 술로 담갔는데 워낙 열매가 야물어서 저미거나 써는 일이 여간 힘든 일이 아니었다. 우리 집에는 아주 오래된 모과나무 두 그루가 있어 해마다 술 담그는 일이 집안의 큰일 중의 하나였다. 엄마의 모과 썰기는 밤늦게까지 이어졌고 딱, 딱, 칼과 도마가 부딪치는 소리를 들으며 잠들던 것이 생각난다. 무엇보다 모과술 담글 즈음에는 온 집안에 모과향이 퍼져서 낡은 옛집에서 나는 군내가 나지 않아 좋았다. 손님상에는 늘 모과술을 내갔다. 나는 술상 차리는 엄마 옆에 얼쩡거리다가 모과 한 조각을 받으면 꼭꼭 씹어

먹었다. 향기는 덜하지만 술맛과 단물이 나서 술상 치울 때에도 괜히 얼쩡거리며 주전자를 흘깃거리곤 했다.

　꽃은 4월에 핀다. 꽃봉오리는 봉긋하고 꽃잎은 다섯 장으로 맑은 연분홍색이다. 꽃잎 사이가 살짝 벌어져 있지만 전체적으로 약간 고개를 숙이듯이 옴팡하다. 모과가 못생긴 줄로만 알던 사람도 꽃을 보면 그 소리 싹 거두게 된다.

　시골 아이들은 방과후에 소 먹이러 가는 게 일이었다. 해가 긴 여름날 소는 신나게 풀을 뜯지만 아이들은 배가 고파 뭐라도 먹고 싶어 두리번거린다. 남자애들은 개구리나 메뚜기를 잡는다고 수선을 떨지만 여자애들은 딱히 먹을 만한 게 없다. 한번은 길에 떨어진 큼직한 모과를 돌아가며 한 입씩 깨물었다. 어찌나 딱딱한지 이도 들어가지 않았다. 겨우 한 조각 물었지만 무슨 맛인지 알 수가 없었다. 텁텁하고 시큼한 맛에 놀라 뱉어 내기 바빴다. 그런데 잠깐 입에 물었을 뿐인데도 남은 향기가 너무도 좋았다. 모과는 향기의 과일이었다. 만약 모과에 달콤한 즙이 있었다면 곤충과 새들이 가만두었을 리 없다. 사람들도 다투어 따먹었을 것이다. 모과나무는 예쁘고 맛있는 열매를 만들지 않아 번거로운 손님을 줄이고 아무나 못 가져가게 꾀를 내었는지도 모른다. 나무의 속내는 어떤지 모르겠지만 열매를 지킴으로써 향기와 가치를 높인 것은 사실이다. 해마다 모과나무에 꽃이 피면 밤새 딱, 딱, 모과 써는 소리가 생각나고 모과술 그윽하게 즐기던 사람도 생각난다. 내게는 마냥 향기롭고 잘 생긴 모과나무다.

행복의 크기

뒤꼍에는 늙은 감나무가 있었다. 감꽃이 필 때면 나는 공연히 나무 밑을 빙빙 돌았다. 감꽃을 줍기 위해서였다. 땟거리를 장만하기 위해 장독대로 나오는 엄마와 자주 부딪치게 되어 지청구도 많이 먹었다. 그래서 생각한 것이 지금으로 치자면 다용도실과 같은 부엌방에 들어가 감나무를 살피는 것이었다. 쪽문을 열고 내다보면 감나무가 코앞에 닿을 듯이 가까이 있어 장독대를 지나가지 않아도 되었다. 감꽃은 아삭아삭 단맛이 나는 과자 같아서 손바닥에 올려놓고 하나씩 집어먹는 재미가 있었다. 감꽃이 오므라들면 감이 달린다. 방안에 있다가도 별안간 툭, 소리가 나면 부리나케 달려 나가 풋감을 주웠다. 비 온 뒷날에 나가 보면 꽃딱지가 덜 떨어진 풋감을 한 주먹이나 주울 수 있었다. 풋감은 떫고 풋내가 나서 그냥 먹을 수는 없고 항아리에 소금을 넣고 삭혀서 먹었다. 그걸 기다리지 못하고 항아리 뚜껑을 열었다 닫았다 해서 또 엄마한테 한소리를 듣곤 했다.

개울 건너 마을을 '저건너'라고 했다. 정해진 마을 이름이 없어 어른들이 입말로 부르던 것이 '저건너'였다. '저건너'는 '저건니' 혹은 '저근니'로 불렸다. 그 마을 앞에 흐르는 개울은 둑이 낮아 해마다 물난리가 났다. 물을 건너오지 못하는 아이를 데리러 선생님과 우리들이 나갔다. 선생님이 아이를 업어서 데려왔다. 감꽃 필 무렵이면 아

이들은 저마다 손수건을 챙겨서 저근니에 갈 생각을 했다. 사람들이 떠난 빈집에 감나무만 남아 있었다. 전날 같이 가자고 약속하지만 꼭 한두 명은 나오지 않았다. 새벽에 깨워 달라는 부탁을 엄마들이 들어주지 않았기 때문이다. 어스름 새벽에 눈꺼풀도 떨어지지 않았건만 우리는 감꽃 하나 줍겠다는 일념으로 저 건너 마을로 향했다. 철벙철벙 냇물을 건너 축축한 풀숲을 걸어서 마침내 저근니에 도착하면 무너진 돌담 사이로 감나무들이 희미하게 보였다. 마을 뒤 대숲에서는 으스스한 소리가 나고 행여 산짐승이라도 나타날까 가슴을 졸이며 바삐 감나무 밑을 돌아다녔다. 이것은 운이 좋을 때의 이야기고 대개는 우리들보다 더 일찍 일어난 아이가 싹쓸이한 경우가 많았다. 누군가가 다녀간 후에는 감나무 아래가 청소한 듯이 깨끗했다. 그렇게 허탕 친 날에는 새벽잠 설치며 나온 억울함이 하루 종일 갔다. 감꽃은 먹기도 하고 목걸이로도 만들지만 이내 색이 꺼매졌고 풋감은 삭히면 여러 날 먹을 수 있어 경쟁이 치열했다. 그때는 어른들도 가세하기 때문이었다.

   요즘은 감 종류가 다양하지만 어린 시절 우리가 먹었던 감은 떫고 텁텁한 땡감이었다. 모양이 납작해서인지 납닥감이라고도 했다. 나무 상자에 짚 한 켜 깔고 납닥감을 깔아서 시렁에 올려 두면 천천히 홍시가 만들어졌다. 한겨울밤 입이 궁금할 때 꺼내 먹는 온 가족 간식이었다. 또 갓 쪄 온 백설기나 가래떡을 꿀처럼 홍시에 찍어 먹기도 했다. 꿀보다 더 꿀맛 같았다.

한 그루 감나무가 주는 행복의 크기를 생각해 본다. 요새는 블루베리, 망고, 체리 같은 새로운 과일을 기르는 농가가 주목을 받고 감은 뒤로 밀린다. 품삯도 건지지 못해 수확을 포기하는 농가도 많아 나무는 눈비를 맞으며 겨울을 보낸다. 까치밥으로 남겨 둔 마지막 감 하나도 먹고 싶어 목 아프게 올려다보던 시절도 있었는데 지금은 그저 따 가라고 해도 시큰둥하다. 겨울날 잎은 다 떨어지고 빨간 감만 주렁주렁 달린 감나무밭을 지날 때면 눈도 시리고 마음도 시리다. 감나무는 더 아플 것이다.

동네 처녀 바람날 일은 없지만

동네의 안녕과 화목이 최우선 미덕이었던 시골에서는 겨울 묵은 때도 벗길 겸 휘이 나들이 한번 다녀오는 것으로 봄맞이를 했다. 말하자면 꽃놀이였다. 경상도말로 '회치'라고 했다. 일종의 나들이를 뜻하는 말로 마을의 단합을 이끄는 중요한 행사였다. 당연히 돼지 잡고 떡과 막걸리를 준비했다. 여자들은 화려한 치마저고리 차려입고 남자들도 부숭한 수염을 깎고 장롱에 고이 모셔 둔 양복을 꺼내 입었다. 어디로 갈 것인지, 무엇을 볼 것인지는 중요하지 않았다. 전세버스에 올라 동네 밖만 벗어나도 절로 어깨춤이 났다. 단골로 가는 곳은 진해 벚꽃축제나 동백꽃 피는 여수 오동도였다. 지금은 안전상 금지하고 있지만 그때만 해도 관광버스 안은 번쩍이는 나이트클럽 못지않았다. 그날은 이웃 간 묵은 감정, 서운한 감정 다 털어 내고 모두가 먹고 마시고 신나게 노는 날이었다. 아재, 아지매 들이 춤추고 노래할 때 단골로 등장하는 노래가 바로 '앵두나무 우물가에'였다.

1970년대 시골에서는 홀치기라는 부업이 유행이었다. 비단에 실을 감아 홀친다고 홀치기였다. 여자들은 농사일 틈틈이 달그락거리며 홀치기를 했다. 혼자 하면 지겹고 졸음도 오기에 대개는 한집에 모여서 했다. 비가 부슬부슬 내리거나 지루한 날이면 부침개와 막걸리, 수제비 등을 해먹었다. 술도 곁들여졌다. 시부저기 시작된 술판은

해거름이 되면 모두가 일어나 춤추며 노래하는 것으로 번졌다. 여자들은 흥을 주체할 수 없어 마룻바닥을 발로 쾅쾅 찍으며 춤을 추었다. '앵두나무 우물가에'는 단체로 부르기도 좋고 춤추기도 좋아 여러 번 불렸다. 앵두나무, 할 때는 오른발을 힘차게 구르고 우물가에, 할 때는 뒤로 물러선 몸을 꺾으며 왼발을 내밀었다. 여러 사람이 동시에 발을 굴려서인지 마룻바닥도 악기 비슷한 소리를 냈다. 대낮에 춤추며 노래하는 여자들이 그때는 참으로 이상스럽고 이해할 수 없었지만 지금은 고개 끄덕이며 수긍하게 된다. 여자들은 고되고 답답한 일상을 터뜨리듯 술과 춤으로 날려 보냈다. 어쩌면 살랑살랑 봄바람에 어디론가 가고 싶었을 것이다. 떠나고 싶지만 떠날 수 없는 마음을 발에 담아 마룻바닥이 깨지도록 춤을 추었을 것이다. 그렇게라도 풀었기에 모진 세월을 견뎌 낼 수 있지 않았을까. 아니었다면 정말로 바람이 나서 보따리 쌌을지도 모른다.

앵두나무는 열매가 복숭아를 닮았다고 해서 앵도櫻桃나무다. 닮았다고는 하지만 복숭아와는 완전히 다른 맛과 모양을 가졌다. 봄에 일찍 꽃이 피고 예쁜 빨강색 열매가 달린다. 가시가 많아 따기는 쉽지 않다. 이제 시골의 우물은 메워지고 앵두는 익어 가지만 지금은 바람 날 처녀가 없다.

새가 먼저 알고
맛을 본다

무화과는 과일 좋아하는 새, 직박구리가 먼저 맛을 본다. 잘 익은 것만 골라 먹기에 조금 얄밉다. 내가 다가가면 마치 자기 것을 빼앗기라도 하는 양 빼액빼액 째지는 소리를 낸다. 어처구니가 없다. 새만 좋아하는 것이 아니라 벌과 개미도 좋아한다. 무화과는 칼집을 낸 것처럼 끝이 벌어지는데 개미들이 그 속에 들어가 흠씬 꿀맛에 빠져 있는 것이다.

무화과나무는 아주 은밀하게 사랑하는 것으로 알려져 있다. 무화과좀벌이라는 중매쟁이를 불러들여 암컷이 나무를 옮겨 다니며 수컷과 짝짓기하고 알 낳을 때 꽃가루를 옮겨 수정이 이루어지게 한다. 특별한 사랑법이다.

무화과나무 잎은 어른 손바닥보다 크고 깊게 갈라져 있고 잎 전체가 까끌까끌하여 가볍게 스치기만 해도 따갑다. 줄기를 자르면 하얀 액이 나오는데 살충 효과가 있어 민간에서 많이 사용했다. 나는 이 유액의 효과를 톡톡히 보았다. 팔에 난 사마귀 때문에 은근히 신경이 쓰였는데 누가 무화과나무 유액을 바르면 사라진다고 말해 주었다. 반신반의하며 두어 번 발랐더니 정말 감쪽같이 사마귀가 사라졌다. 직접 경험한 것임에도 나무가 가진 특별한 물질이 다치고 아픈 부위를 낫게 하는 것은 정말 신기하고 놀라운 일이다.

직박구리는 시끄럽고 영리한 새다. 과일의 단맛을 귀신같이 알고 찾아온다. 밉살스러운 점은 단맛을 테스트하듯이 여러 개의 무화과 열매를 맛보는 것이다. 무화과에 난 쪼다 만 구멍은 거의 직박구리 솜씨다. 하나씩 차례대로 먹으면 좀 좋을까. 해찰 그만 부리라고 쫓아내면 이웃 나무에 앉아서 빽빽 소리를 지른다. 나는 직박구리가 이것저것 찔러 보기만 하고 먹지 않는 무화과가 아깝지만 굳이 그런 생각까지 할 필요가 없음을 개미를 보고 알았다. 새가 쪼아 먹다가 남긴 무화과에는 벌과 개미가 날아든다. 새가 일부러 남겼을 리는 없지만 그렇게 열매를 열어젖혀 놓았으니 다른 곤충들도 맛을 볼 수 있는 것이다. 곤충들이 있으니 주변 텃새인 참새와 박새들이 종종 나뭇가지를 훑는다. 작은 새들이 요리조리 나무 안을 살피고 콩콩 날아오르는 것을 보면 무화과나무 하나가 저리도 많은 생명을 불러들이고 멋진 밥상물림을 하는구나 싶다. 직박구리를 조금만 미워하기로 했다.

작전명
산딸기

　퇴근길에 잠시 차를 세우고 잘 익은 산딸기를 맛보는 즐거움을 누가 알까. 봄에는 산기슭이나 하천가, 둑 아래에 산딸기가 익어 가지만 다들 바빠서인지 그냥 지나친다. 나는 산딸기의 유혹을 모른 척할 수가 없다. 가시에 찔릴 걸 알면서도 덤불을 헤치며 허리를 굽힌다. 잎은 누레지고 빨갛게 익은 열매만 공중에 남아 있는 산딸기 가지는 누가 허공에 그려 놓은 그림 같이 보이기도 한다. 동그랗게 알갱이가 모아진 열매는 손을 내밀면 기다렸다는 듯이 후르르 흩어진다.

　엄마가 약초나 산나물 캐러 산에 갔다 내려올 때 빈 도시락에 꾹꾹 눌러 담아 오던 것이 보리수나무 열매와 산딸기였다. 산딸기는 잘 물크러진다. 켜켜이 쌓으면 곤죽이 되어서 우리 손에 들어올 때는 이미 형체도 없이 떡이 져 있다. 어린 자식들은 처음에는 내켜 하지 않고 멀뚱히 보기만 하다가 맛을 보면 정신없이 퍼먹기 바빴다. 잉마르 베리만의 영화 〈산딸기〉의 주인공은 차갑고 냉정한 사람으로 평가 받던 노교수다. 그는 젊은 시절 좋아하는 여인이 다른 남자와 결혼하는 것을 지켜보아야 했고 결혼생활도 평탄치 않았다. 교수는 삶이 힘들 때마다 유년시절을 떠올린다. 산딸기와 함께했던 달콤한 시절을. 내게도 산딸기는 어린 시절 산에 다녀온 엄마에게서 맡아지던 나무 냄새, 이끼와 젖은 잎 냄새를 떠올리게 한다. 아직도 혀와 코에 남은 원시의

냄새, 숲에서 건너온 달고 시고 쌉쌀한 위로의 냄새.

산딸기 줄기에는 가시가 촘촘하게 박혀 있다. 열매를 따려고 하면 어김없이 가시가 찌른다. 찌르기도 하고 붙잡기도 한다. 소매도 잡고 바짓단도 잡고 움직이려고 하면 제 쪽으로 끌어당긴다. 산딸기가 열매를 가져가는 이에게 콕콕 주문하고 따갑게 조르는 것 같다. 부디 내 자식들은 더 넓은 세상에 나가게 도와 달라고. 가시뿐만이 아니다. 산딸기 알갱이에는 수염 같은 작은 털이 빼빽이 나 있고 눈에 보이지 않는 벌레 몇 마리쯤도 숨어 있어 한 움큼 입에 넣고 먹을라치면 뭐가 자꾸 걸린다. 이 가느다란 털은 씨를 덜컥 삼키지 말고 뱉어 내라는 나무의 제동장치 같다. 먹히는 순간까지도 제 것을 지키려는 나무의 마음이라고 생각한다면 지나친 것일까. 산딸기는 종종 새나 멧돼지 배설물에서 나온 씨가 나무로 발돋움한다. 하나의 씨가 나무에 달려 있다가 동물의 몸을 통과하여 다시 땅에 내려와 시작하는 삶은 정말 멋진 생명의 회전이자 작전인 것 같다. 작전이 어찌나 잘 먹혔던지 산에 들에 산딸기 없는 곳이 없다. 엄마의 작전도 성공적일까?

그렇거나 말거나
주렁주렁

의자는 철골만 남았다. 할매는 어딘가에서 얇은 베니어판을 주워 왔다. 그걸 동그란 쇠틀 위에 걸쳐 두었다. 베니어판은 가볍고 거스러미가 많아 손으로 잡고 앉아야만 넘어지지 않는다. 의자는 오래되었고 녹슨 다리는 기우뚱하다. 할매 집의 물건들이 대개 그렇다. 시집올 때 해 온 장롱과 빼다지(서랍장), 칠이 벗겨진 철 대문, 대문간의 대추나무는 해를 셀 수가 없다. 할매 의자는 대추나무 아래 있다.

대추나무는 봄에 새 잎을 쫑긋쫑긋 많이도 띄운다. 갸름한 잎들은 밝은 초록색이고 윤기가 있어 반짝거린다. 꽃은 잎겨드랑이에서 취산聚繖꽃차례를 이루며 피는데 자세히 보지 않으면 꽃인 줄도 모를 정도로 삭다. 취산꽃차례는 꽃대의 끝에 한 송이 꽃이 피고, 그 밑의 가지 끝에 다시 꽃이 피고, 거기에서 다시 가지가 갈라져 끝에 꽃이 피는 것을 말한다. 대추알이 많이 달리는 데는 이유가 있는 것이다. 그러나 비가 오거나 바람이 불면 꽃들은 힘없이 후드득 떨어진다. 나무 아래는 좁쌀을 뿌려 놓은 것처럼 노랗게 물들어 있다.

할매에게는 대추나무만큼 오래된 친구가 있었다. 골목 끝에 사는 덕산할매다. 나이는 서너 살 아래지만 목욕탕에도 같이 가고 밥도 같이 먹는, 한마디로 죽이 잘 맞는 친구였다. 덕산할매는 말이 빠르고 몸이 재발랐다. 밭에서 거두어들인 푸성귀며 고추, 참깨를 하루가 멀다 하고 자식들에게 갖다 주었다. 할매는 그게 못마땅했다. 자식들이 앞에서는 좋아하지만 사실은 귀찮아한다, 그까짓 거 몇 푼이나 한다고 비싼 차비 들여가며 가느냐고 말려도 덕산할매는 대꾸 없이 눈만 깜작이다가 다시 보퉁이 끌어안고 버스정류장으로 향했다. 그랬던 덕산할매가 다리를 다쳐 더 이상 일을 할 수 없게 되었다. 큰아들이 도시로 모셔 갔고 회복되었으니 곧 온다, 다음 달에 온다던 덕산할매는 계절이 돌고 돌아 새봄이 와도 감감소식이었다. 할매는 대추나무 의자에 앉아서 바랭이와 환삼덩굴로 뒤덮인 덕산할매 밭만 바라보았다. 저 풀을 어찌할꼬. 말은 그렇게 하지만 저 밭을 일굴 덕산할매는 왜 오지 않나, 하는 푸념이었다.

    어른들은 풋대추를 먹으면 배탈이 난다 하여 아이들에게는 먹지 못하게 했다. 익은 대추는 껍질째 먹을 수 있고 햇볕에 말리면 단맛이 강해진다. 대추나무는 셀 수 없이 많은 꽃을 달고 비바람에 또 그렇게 많이 떨어졌음에도 가을에는 가지마다 대추가 주렁주렁 익어 간다. 그래서 대추알이 다산과 다복의 상징이 되었는지도 모른다. 혼인식이 끝나고 신부가 시댁 어른들에게 드리는 첫인사 때에는 으레 신부의 치마폭에 대추 한 움큼을 던져 주었다. 아들딸 많이 낳고 잘 살라고. 이젠 그런 풍속도 빛이 바랬고 요즘은 자식을 많이 낳지도, 자식에 대한 생각도 달라졌다. 대추나무는 사람 세상이 그렇거나 말거나 열심히 꽃을 피우고 주렁주렁 열매를 달았다.

여름밤의 소동
서리 원정대

남부지방에서는 복숭아, 하면 경북 청도와 풍각이 유명했다. 여름이면 복숭아 파는 아주머니들이 커다란 양은 그릇을 머리에 이고 대문간에 서서 '복숭아 사이소, 맛있는 복숭아 사이소' 하고 소리쳤다. 복숭아는 대개 흠집이 났거나 벌레 먹어 시장에 내다팔 수 없는 것들이었다. 벌레가 시커멓게 파먹어 보기에는 흉하지만 한입 베어 무는 순간 손가락 사이로 과즙이 줄줄 흐를 만큼 달고 맛있었다.

그해에는 무슨 마음이었는지 모른다. 여름은 길고 지루했다. 친구들 몇이 재 넘어 복숭아밭에 서리하러 가자고 추어 댔다. 경남 창녕에서 재를 넘으면 경북이었다. 처음에는 서너 명이던 것이 해가 담뿍 지고 나니 동네 또래들이 다 모였다. 계획은 이랬다. 저녁이 이슥할 무렵에 경운기를 타고 출발하면 한밤중에 도착할 것이고 그때쯤 과수원 사람들도 잠들었을 테니 복숭아를 따서 곧바로 돌아오면 된다는 것이었다. 당시에는 경운기도 동네에 두어 대 있을까 할 정도로 귀했는데 부잣집 아들 승환이가 아버지 몰래 마을 어귀에 끌어다 놓기로 했다. 서리 계획은 일사천리로 진행되어 마침내 우리는 킬킬대며 경운기에 올랐고 밤새 엉덩방아 찧어 가며 재를 넘었다. 이른바 서리 원정대였다.

그런데 정말 아무도 예상하지 못한 일이 있었으니 그건 바로 털털

대는 경운기 소리였다. 야심한 밤에 재를 넘으려니 소리가 더 크게 울렸다. 경운기 소리가 커서 누가 무슨 말만 하면 바람 빠지듯 사라졌다. 경운기는 또 어찌나 느린지 두 시간이면 간다더니 밤새 달려도 산길이었다. 천지가 칠흑 같이 검어서 앞에 앉은 친구도 알아볼 수 없었다. 천신만고 끝에 겨우 도착했지만 복숭아밭이 어디 있는지 알 수가 없었다. 우리는 아무 데나 뛰어 들어가 손에 잡히는 대로 땄다. 준비해 간 자루는 생각지도 못하고 옷섶에 담은 게 다였다. 우왕좌왕 하다가 빈손으로 돌아온 아이도 있었다. 서리해서 복숭아 한번 실컷 먹어 보겠다는 야무진 생각은 어디가고 막상 훔치려니 겁도 나고 걸음이 떨어지지 않았던 것이다.

돌아올 때는 사방이 희붐하게 밝아지고 있었다. 형체가 분명하지 않지만 어른어른한 것이 더 괴기스럽고 무서웠다. 극도의 공포감에 뒤를 돌아볼 수가 없었다. 여자애들은 눈을 감은 채 덜덜 떨었다. 남자애들은 여자애들 놀리느라고 일부러 더 큰소리로 떠들어 댔다. 도깨비다! 귀신이다! 할 때마다 악악 비명이 터져 나왔다. 급기야 우는 아이까지 나왔다. 집에 도착했을 때는 졸음과 피곤에 절어 다들 넋이 나간 상태였다. 복숭아는 한숨 자고 점심께 다시 만나 먹기로 하고 일단 헤어졌다.

서리 원정대는 완벽하게 실패했다. 그 증거가 다시 만나 확인한 복숭아가 말해 주고 있었다. 우리가 컴컴한 복숭아밭에 들어가 미친 듯이 따 온 복숭아는 먹지 못할 정도로 퍼랬다. 크기가 애기 주먹만한 것도 있었다. 어처구니가 없었다. 우리는 덜 익고 퍼런 복숭아를 보며 웃고 밤새 덜컹대는 경운기에 시달린 몸이 아파서 웃었다. 서리를 계획했던 친구는 나타나지도 않았다. 그렇게 여름밤의 서리 소동은 막을 내렸지만 지금도 경운기 타고 재 넘어 경북에 갔다가 경남으로 돌아온 일을 생각하면 자다가도 웃는다.

보리알 같은 자식이 여럿

산에 가신 엄마는 해가 꼴딱 지고서야 내려왔다. 무거운 보퉁이를 머리에 이고 있었다. 엄마는 마루에 앉자마자 산에서 캐고 딴 것을 풀어 놓았다. 삽주는 아픈 아버지를 위한 약재였고, 고사리는 제사상에 올릴 것이었고, 열매는 배고프다고 징얼대는 자식을 위한 것이었다. 엄마는 점심으로 싸간 보리밥을 드시고 빈 통에는 그날 눈에 띄는 먹을 만한 열매를 가득 담아 왔다. 주로 보리수나무 열매였다. 보리수나무꽃은 봄에 깔때기 모양으로 분 바른 듯이 하얗게 다닥다닥 모여서 핀다. 새콤달콤하지만 떫은맛이 나는 열매는 익을수록 맛이 좋다. 이 보리수나무 열매를 보리똥, 뻴똥으로 부르기도 하지만 우리 동네에서는 '보리필구'라고 했다. 열매 모양이 보리알 같이 생겨서, 보리 이삭 팰 때쯤 나오는 열매여서, 아니면 배고프던 참에 마침 입맛 다실거리가 되어서 붙인 이름이 아닐까, 하고 생각해 본다.

집안에 보리수나무가 있으면 새들이 많이 찾아온다. 특히 꽃과 열매를 좋아하는 직박구리는 보리수나무를 전용 식당처럼 사용한다. 의외의 방문객이라면 딱새다. 마치 꿀 빠는 벌새처럼 폴짝폴짝 날아올라 날갯짓하며 열매를 물어 간다. 가끔 직박구리와 딱새가 동시에 식당을 찾아오면 요란스레 다툰다. 직박구리는 앙칼진 소리를 내며 으름장을 놓지만 딱새는 꽁지를 깐닥깐닥 흔들며 잘도 피해 간다. 새들은

　먹기 좋은 윗가지부터 차례로 내려오며 열매를 따먹는다. 붉은 열매들이 한 가지씩 사라지며 헐쑥하게 비는 것이 재미있다. 마치 꿴 고기를 다 빼먹고 남은 꼬치 같다. 보리수나무의 열매는 쉽게 후드득후드득 떨어지지 않는다. 열매자루가 가지에 딱 붙어 있어 한 톨도 허투루 버릴 일이 없다. 한차례 비바람이 지나간 후에도 열매는 그대로 남아 있어 새들은 안심하고 다시 찾는다.

　원산지가 일본인 뜰보리수는 요즘 정원수로 많이 심으며, 열매도 큼직하다. 길게 내려온 열매자루 끝에 달린 빨간 열매를 보면 허공에 달아 놓은 예쁜 귀고리 같다. 열매를 많이 생산하느라고 힘을 써서인지 보리수나무 껍질은 매끄럽지 않고 우툴두툴하다. 자식 먹이려고 빈 도시락 통에 열심히 보리필구 따 담았을 엄마손 같다.

이름에 놀라고
향기에 놀라고

보릿고개가 있던 시절에 쥐는 곡식을 축내는 못된 동물, 징그러운 동물의 대명사였다. 온 국민이 쥐잡기 운동을 벌이고 쥐덫을 놓아 밤새 찍찍거리는 쥐 울음소리를 듣기도 했다. 쥐는 비누를 갉아 먹고 벼 가마에 구멍을 내고 옥수수를 뜯어 먹었다. 나쁜 짓을 하고도 요리조리 잘 빠져나가면 쥐새끼 같다고 한다. 더러운 짓을 하고도 뻔뻔하면 쥐를 닮았다고 한다. 그런 쥐의 똥을 닮았다고 쥐똥나무라고 했으니 나무로서는 꽤나 서운할 일이다. 물론 나무 이름과 쥐의 성질은 아무 상관도 없지만 말이다. 북한에서는 꽃과 열매에 퍽 어울리는 '검정알나무'라고 부르는데, 듣기도 좋고 말하기도 좋고 사랑스러움이 그대로 느껴진다.

쥐똥나무는 사실 꼼꼼히 들여다보면 열매 빼고는 쥐와 닮은 구석이 없다. 쥐처럼 더럽지도 않고 간살스럽지도 않다. 잎도 깔깔하거나 비죽 튀어나온 데가 없이 동그마하니 예쁘다. 흰색의 작은 꽃들은 청량하고 달콤한 향기를 풍긴다. 쥐가 감히 어떻게 향기를 발산하겠는가. 이 향기로운 나무의 가치를 알아보아서인지 요즘은 공원이나 주택가 울타리로 많이 심어 지나가는 이들을 홀린다. 쥐똥나무 꽃향기는 쏘듯이 아찔하여 절로 걸음이 멈춘다. 원뿔 모양의 꽃에서 한 무더기 향이 솟구치는 듯하다. 꽃이 지고 나면 동글동글한 열매가 달

린다. 열매는 처음에는 초록색이지만 점점 까맣게 익어 간다. 까만 눈동자 같은 열매다. 불결하고 혐오스러운 동물의 눈이 아니라 나무가 단단하게 모아서 만든 향기의 눈이다. 향기에 놀라고 이름에 놀라서 이제는 쥐똥나무라고 부르기도 미안하다. 얼토당토않은 이름을 가지는 바람에 일상생활이 불편하고 곤란한 지경에 빠진 사람들이 개명하듯이 나무도 이름을 바꿀 수 있다면 아마도 쥐똥나무가 가장 먼저 손을 들지 않을까?

보석을
드세요

석류나무는 익으면 껍질이 벌어져 속이 다 보인다. 알알이 맺힌 석류 알은 보석 같이 반짝인다. 이 보석은 예쁘기도 하지만 건강에도 좋아 두루 권장하는 맛있는 보석이다. 패용할 수는 없어도 삼키면 약이 된다. 몸 어딘가를 활발히 일으켜 보석처럼 빛나는 날을 맞이하도록 한다. 진짜 보석이다.

어릴 때 집에 덩치가 큰 라디오가 있었다. 어른 팔 길이 정도로 길어 벽장 안에 두고 들었다. 라디오는 함부로 만질 수 없는 것이었다. 그건 귀한 물건이었고 라디오를 듣는 것도 귀한 일에 속했다. 나는 라디오를 듣는 것이 좋았다. 나훈아, 남진, 조미미가 엄청난 인기를 누리던 시절이었고 가을 초입에는 언제나 이 노래가 흘러나왔다. "밤이 지나고 햇살이 부실 때/빨간 알알이 석류는 붉은데/차가운 별 아래 웃음이 지면서/메마른 가지에 석류 한 송이/가을은 외로운 석류의 계절" 제목이 '석류의 계절'이다. 검색을 하면 1968년(추정) 김진욱 작사, 백영호 작곡의 노래로 정은숙이 부른 것으로 나온다. 내가 들은 목소리는 문주란이었다. 정은숙도 허스키지만 문주란은 더 깊고 짙은 허스키라 노래가 은근히 슬프다. 어린 나는 공연히 우울한 감상에 빠지곤 했다. 그러나 노래만 그럴 뿐 진짜 석류나무는 서글프게 운명을 곱씹으며 뜨뜻미지근한 열매를 만들지 않는다. 원산지가 이

란으로 지중해의 뜨거운 태양을 맞으며 자란 석류나무의 열매는 뜨거움을 참지 못하겠다는 듯이 저절로 벌어진다.

석류는 갱년기 여성에게 좋다하여 갑자기 인기가 높아졌다. 과일가게에서도 사계절 석류를 볼 수 있고 식류로 만든 제품노 많다. 우리집 마당의 석류나무도 해마다 꽃을 피우고 열매를 맺지만 먹을 수 있는 것은 얼마 되지 않는다. 약을 치지 않아 벌레들이 달려들기 때문이다. 온전히 잘 익은 석류를 따려고 해도 나무에서 떨어지지 않으려고 용을 쓰는 것처럼 꼭 매달려 있다. 어찌나 힘이 센지 잡아당기다가 넘어질 뻔한 적도 많다. 석류나무는 왜 저토록 열매를 내놓지 않으려는 걸까. 빨간 석류 알이 보이도록 유혹해 놓고서는 통째로 내주긴 싫은 걸까. 반짝반짝 빛나는 보석을 허비하고 싶지 않은 나무의 마음이 이해된다. 나라도 보석이 가득 든 상자가 있다면 한꺼번에 주기보다는 자랑심아 늘어놓고는 부러워하는 눈총도 받으면서 하나씩 나누어 주고 싶을 것 같다. 석류나무는 깐깐하지만 석류 알갱이는 상큼 달콤하다. 생각만 해도 침이 고이는 보석이다.

자연과 인간의 공생
그리고 지속가능한 생태계를 꿈꾸는
목수책방의 책

생명의 교실
가와바타 구니후미 지음 · 염혜은 옮김
15,000원

'생명탐구'를 업으로 삼은 생물학자인 저자는 다양한 생물을 사육하고 관찰하면서 느꼈던 재미있는 이야기들을 풀어놓을 뿐만 아니라 '생명'에 대한 관심과 사회문제를 접목시키는 것도 잊지 않는다. 이 책이 들려주는 삶 속에서 생명을 존중하는 법, 자연과 조화를 이루며 사는 법에 대한 이야기는 '잘 사는 방법'을 고민하게 한다.

흙의 학교
기무라 아키노리, 이시카와 다쿠지 지음
염혜은 옮김 · 13,000원

무농약 무비료로 '기적의 사과'를 만들어낸 농부 기무라 아키노리가 들려주는 흙에 관한 쉽고 재미있는 이야기. 화분이든 텃밭이든 직접 식물을 기르고 있는 사람이라면 알아 두어야 할 흙에 관한 기본적인 정보는 물론이고, 인간을 포함한 생태계에서 혼자서 살아남을 방법은 결코 없다는 농부의 메시지가 묵직하게 다가오는 책이다.

| 2015 여름 '책으로 따뜻한 세상
| 만드는 교사들' 청소년 추천도서

서울 사는 나무
장세이 지음 · 20,000원

서울 사는 서른두 그루 나무에 대한 헌사. 길가, 공원, 궁궐에 사는 나무 이야기를 들려주며 우리가 밟고 선 땅, 그 땅에 뿌리내린 우리 곁의 큰 생명인 나무를 올려다보며 생명 존중과 인간성 회복의 의미를 되새기게 하는 책이다.

식물 이야기 사전
찰스 스키너 지음 · 윤태준 옮김 · 13,800원

'꽃의 향기를 더욱 짙어지게 해 주는 120가지 이야기'를 엮은 책이다. 오랜 세월 전해져 내려오는 다양한 식물에 관한 신화와 전설, 이름에 얽힌 유래 등이 흥미롭게 펼쳐지며, 주변에서 쉽게 만날 수 있는 식물들을 더 친근한 시선으로 바라볼 수 있게 해 준다. 식물을 사랑하는 사람들과 콘크리트 강박증에 지친 사람들을 위한 책이다.

| 환경정의 선정
| 2016 올해의 환경책 12

지금 우리는 자연으로 간다
리처드 루브 지음 · 류한원 옮김 · 18,000원

우리는 현재 '자연 결핍 장애'가 만연한 시대, 비타민 N이 부족한 시대에서 살아가고 있다. 저자는 구체적 증거들을 통해 인간의 몸과 마음, 가족과 공동체, 사회와 국가가 건강하려면 반드시 자연과 재결합해야 한다고 주장한다. 그리고 일상 깊숙한 곳으로 '자연'을 끌어들일 수 있는, 자연 '안'에서 살 수 있는 여러 실천 사례들을 흥미롭게 제시하고 있다.

어이없는 진화
요시카와 히로미쓰 지음·양지연 옮김
18,000원
'멸종'의 관점에서 생물 진화의 '어이없는' 측면을 바라보는 책이다. 뿐만 아니라 우리가 막연히 생각하는 통속적 진화론의 본 모습과 문제점, 과학자들의 논쟁에 숨어 있는 '진짜' 진화론이 지닌 의의와 유효성을 밝힌다. 과학과 인문학의 경계에서 진화론이 만들어 내는 '매혹과 혼란'의 원천에 천착하는 이 책은 진화론과 우리의 관계를 흥미롭게, 진지하게 고찰하고 있다.

한국출판문화산업진흥원
우수출판콘텐츠 선정작
엄마는 숲해설가
장세이, 장수영 지음·15,000원
숲해설가가 된 글 쓰는 이모 장세이와 아이가 '자연스럽게' 자라기를 바라는 엄마 장수영이 함께 쓴 친절한 생태놀이·생태공간 안내서다. 아이와 밖에서 뭐하고 놀까 고민이 많았던 엄마가 아이와 함께 최고의 무공해 놀이터인 '자연'에서 쉽고 재미있게 놀 수 있는 방법 60가지를 소개한다.

우포늪, 걸어서
손남숙 지음·17,000원
우포늪이 자리한 창녕에서 나고 자란 손남숙 시인이 10여 년 동안 우포늪 가까이에서 우포늪에 깃들여 사는 생명들을 만나면서 느낀 것들을 글과 사진에 담은 책이다. 이 책은 우포늪에 관한 책이지만 우포늪이 상징하는 우리 곁의 소중한 자연을, 그리고 그 안에서 함께 살아가는 생명들을 사랑하는 방법을 이야기하는 책이기도 하다.

과학 이전의 마음
나카야 우키치로 지음·후쿠오카 신이치 엮음
염혜은 옮김·18,000원
눈 연구에 평생을 바친 일본의 대표적인 과학자 나카야 우키치로의 글을 생물학자인 후쿠오카 신이치가 선별해 엮었다. 당시 연구실의 생생한 풍경, 눈을 주제로 한 영화제작 이야기, 일식日蝕과 날씨, 온천과 요리, 오래된 사찰, 원자력과 컴퓨터 이야기까지. 물리학자의 냉철한 지성과 시인의 섬세한 감성이 조화를 이루고 있는 다양한 주제의 글 25편이 실려 있다.

거룩한 똥
진 록스던 지음·류한원 옮김·17,000원
저자는 버리기 위해 엄청난 비용을 쓰고 있는 '똥오줌'이 본질적으로 '지속불가능한' 농업과 먹을거리를 고민해야 하는 인류를 위해 반드시 이용해야만 하는 자원이라 주장한다. 동물과 인간의 배설물을 지혜롭게 이용할 수 있는 방법을 고민하는 이 책은 분뇨가 연결고리가 되어 삶 속에서 '거의 완벽하게 지속가능한 순환 시스템'이 구현되는 순간을 꿈꾼다.

작지만 알차게 키우는
소규모 유기농을 위한 안내서
장-마르탱 포르티에 지음 · 박나리 옮김
25,000원

작은 땅에서 최소한의 비용으로 친환경적인 방법을 사용해 채소를 길러 지역 사람들에게 판매해 고수익을 올리는 '마켓 가드너'의 농사는 '소규모, 저비용, 저기술'을 특징으로 한다. 이 책은 농부가 수익성과 생산성이 높으면서도 지속가능한 농업을 추구하는 집약적인 소규모 유기농업을 시도할 수 있도록, 저자의 경험으로 검증된 유용하고 실질적인 농사법을 알려 준다.

평화의 산책 - 생명은 하나입니다
김성란 지음 · 12,000원

옛 난지도 땅에서 생명의 숲을 꿈꾸는 사람들의 이야기다. 저자는 2011년에 창립한 노을공원시민모임이 '백수건달'로 불리는 자원봉사자들과 함께 지난 7년 동안 해 왔던 '100개숲만들기'를 비롯한 다양한 활동을 되짚으며 활동의 의미와 가치를 정리한다. 이를 통해 생명, 평화, 존중, 정성, 지혜, 앎 등 보다 본질적인 문제에 다가선다.

단순하지만 충만한, 나의 전원생활
벌린 클링켄보그 지음 · 황근하 옮김
22,000원

아이오와의 농부 집안에서 태어나 뉴욕 북부의 작은 농장에 살며 글을 쓰고, 대학에서 문예창작을 가르치고 있는 벌린 클링켄보그가 〈뉴욕타임스〉에 10년 넘게 연재한 '시골생활'을 주제로 한 짧은 칼럼을 엮은 책이다. '제2의 헨리 데이비드 소로'로 불렸던 저자가 통찰력 있는 시선으로 풀어낸 담백하면서도 깊이 있는 글을 만날 수 있다.

생명의 정원
- 세계 최고의 정원디자이너
메리 레이놀즈가 알려 주는
야생 정원 만들기의 모든 것
메리 레이놀즈 지음
김민주, 김우인, 박아영 옮김 · 29,800원

영국 첼시플라워쇼 역대 최연소 금메달 수상자인 메리 레이놀즈가 알려 주는 야생 정원 만들기의 모든 것이 담겨 있다. 저자는 정원디자이너를 자연이 본래의 아름답고 생명력 넘치는 모습을 드러낼 수 있는 장소를 창조하는 사람이라고 정의한다. 이 책은 땅을 건강하게 회복시킬 수 있는 방법부터 시작해 어떻게 하면 땅과 인간이 협력하며 생명의 '숲정원'을 만들 수 있는지 알려 준다.

나무의 마음에 귀 기울이다
세이와 겐지 지음·양지연 옮김·18,000원

우리에게도 익숙한 낙엽활엽수 12종의 일상생활, 즉 꽃을 피우고 열매를 맺고 씨를 퍼뜨려 싹을 틔우고 성장하는 모습을 글과 그림으로 꼼꼼하게 기록한 책이다. 숲이 다양한 생명이 함께 살아가는 본래 모습을 되찾기를 바라는 저자는 그 어떤 생명체보다 치열하게 자기만의 생존법으로 삶을 이어가는 나무의 삶을 깊이 이해할 수 있도록 우리를 '지혜의 숲'으로 이끈다.

자연의 아이
줄리엣 디 베어라클리 레비 지음
박준식 옮김·17,000원

세계적인 약초치료사이자 전일적 수의학의 개척자로 평가받는 줄리엣 디 베어라클리 레비의 자연육아법 책이다. 책에는 임신, 출산, 수유, 양육, 각 단계마다 어떻게 하면 '자연에 가깝게' 건강한 아이로 키울 수 있는지, 경험에서 우러나온 조언이 담겨 있다. 근본적인 삶의 방향 전환을 요구하는 이 책은 좋은 환경과 습관을 강조하는 것은 물론, 아픈 몸을 치료하고 건강한 일상의 식탁을 만들기 위한 다양한 허브 사용법에 관해서도 구체적으로 알려 준다.

홀로 서지 않기로 했다
- 지속가능한 삶을 위한 세계 일주
조수희 지음·17,000원

'먹고사니즘'에 지쳐 이제는 '다르게' 살고 싶다는 꿈을 품은 청년이 '지속가능한 삶'이라는 여행 테마로 357일간 떠난 세계 일주 이야기를 담은 책이다. 그는 여행을 하며 여러 공동체와 '다른 가치'를 추구하며 살아가는 사람들을 만나 '함께해서 행복한 삶'을 살기 위한 용기와 지혜를 얻었다.

서울 화양연화
김민철 지음·18,000원

서울과 근교에서 흔히 볼 수 있는 식물에 관한 흥미로운 이야기들이 담겨 있다. 특히 저자는 독자들이 글을 읽으며 쉽고 재미있게 식물에 다가갈 수 있도록 한국 소설에서 주요 소재 또는 상징으로 나온 꽃을 찾아 이야기를 풀어 가는 작업을 하고 있다. 식물과 친해지고 싶고 더 알고 싶은데 방법을 모르는 '식물 초보자'라면 이 책은 훌륭한 안내자 역할을 해 줄 것이다.

놀이는 쓸데 있는 짓이다
- 작업치료사가 전하는
아이의 미래를 바꾸는 놀이의 힘
앤절라 핸스컴 지음·오필선 옮김·17,000원

소아 작업치료사인 저자는 자신의 경험을 기반으로 자연(야외)에서 어른의 간섭 없이 즐기는 자유 놀이가 균형 잡힌 아동기를 위해 반드시 필요하다는 사실을 여러 가지 증거를 들어 증명한다. 현재 이런 저런 문제를 겪고 있는 아이를 키우는 부모들은 물론이고 교육자와 돌봄 활동을 하는 모든 이에게 꼭 필요한 책이다.

나무, 이야기로 피어

글   손남숙
그림   장서윤

1판 1쇄 펴낸날 2019년 9월 20일

펴낸이   전은정
펴낸곳   목수책방
출판신고 제25100-2013-000021호
대표전화 070 8151 4255
팩시밀리 0303 3440 7277

이메일   moonlittree@naver.com
블로그   post.naver.com/moonlittree
페이스북 moksubooks
인스타그램 moksubooks

디자인   김지혜 www.kimjihye.com
마케팅   김하늘
인쇄   상지사 P&B

Copyright ⓒ 2019 손남숙
이 책은 저자 손남숙과 목수책방의 독점 계약에 의해 출간되었으므로
이 책에 실린 내용의 무단 전재와 무단 복제, 광전자 매체 수록을 금합니다.

이 도서는 한국출판문화산업진흥원의
'2019년 출판콘텐츠 창작 지원 사업'의 일환으로
국민체육진흥기금을 지원받아 제작되었습니다.

ISBN 979-11-88806-09-6 (03810)
가격 17,000원